Christian Köcher

Eignung von Cloud-Lösungen als Unternehmensressource unter Berücksichtigung von Datenschutz und Compliance

Bachelor + Master
Publishing

Itüulion, Diu Islluu. Eignung von Cloud-Lösungen als Unternehmensressource unter Berücksichtigung von Datenschutz und Compliance, Hamburg, Bachelor + Master Publishing 2013
Originaltitel der Abschlussarbeit: Eignung von Cloud-Lösungen als Unternehmensressource unter Berücksichtigung von Datenschutz und Compliance

Buch-ISBN: 978-3-95684-035-7
PDF-eBook-ISBN: 978-3-95684-535-2
Druck/Herstellung: Bachelor + Master Publishing, Hamburg, 2013
Covermotiv: © Kobes · Fotolia.com
Zugl. BA Hessische Berufsakademie, Hamburg, Deutschland, Bachelorarbeit, Februar 2013

Bibliografische Information der Deutschen Nationalbibliothek:
Die Deutsche Nationalbibliothek verzeichnet diese Publikation in der Deutschen Nationalbibliografie; detaillierte bibliografische Daten sind im Internet über http://dnb.d-nb.de abrufbar.

© Bachelor + Master Publishing, Imprint der Diplomica Verlag GmbH
Hermannstal 119k, 22119 Hamburg
http://www.diplomica-verlag.de, Hamburg 2013
Printed in Germany

Inhaltsverzeichnis

II

Abbildungsverzeichnis

Abkürzungsverzeichnis

AICPA	American Institute of Certified Public Accountants
AktG	Aktiengesetz
AST	Application Service Providing
BDSG	Bundesdatenschutzgesetz
BSI	Bundesamt für Sicherheit in der Informationstechnik
CIO	Chief Information Officer
CSA	Cloud Security Alliance
FedRAMP	Federal Risk and Authorization Management Programm
FISMA	Federal Information Security Management Act
HGB	Handelsgesetzbuch
HIPAA	Health Insurance Portability and Accounting Act
IaaS	Infrastructure as a Service
IAM	Identity- und Access-Management
ITIL	IT Infrastructure Library
NIST	National Institute of Standards and Technology
PaaS	Platform as a Service
PCI DSS	Payment Card Industry Data Security Standard
PKI	Public-Key-Infrastruktur
SaaS	Software as a Service
SLA	Service Level Agreement
SNIA	Storage Networking Industry Association
SOX	Sarbanes-Oxley Act
StGB	Strafgesetzbuch
TKG	Telekommunikationsgesetz
VPN	Virtual Private Network
W3C	World Wide Web Consortium
XaaS	Anything as a Service

1 Einleitung

Durch Cloud Computing bietet sich gerade kleinen und mittleren Unternehmen ein flexibles Leistungsangebot, ohne in den Aufbau und die Wartung von großen Rechenzentren zu investieren. Es ist derzeit ein viel diskutiertes Thema in der IT-Branche und bekommt durch die dynamische Anpassungsmöglichkeit und kalkulierbare Werte eine erhöhte Aufmerksamkeit. In der heutigen Zeit, in der IT-Budgets stetig reduziert werden, ist der Einsatz von Cloud-Lösungen aufgrund der Wirtschaftlichkeit ein wichtiges Thema für eine zeitgemäße und somit skalierbar günstige IT-Infrastruktur. Die Unternehmen sehen beim Cloud Computing eine potenzielle Chance, die Wettbewerbsfähigkeit durch Einbindung von externen Serviceangeboten zu erhalten und zu erweitern. Es bietet ihnen die Möglichkeit, sich auf das Kerngeschäft zu konzentrieren. Voraussetzung hierfür ist jedoch, sich vorher mit der Thematik ausführlich auseinanderzusetzen und für die eigenen Bedürfnisse entsprechende Entscheidungen zu treffen.

Eine erhöhte Aufmerksamkeit bekommt das Thema jedoch nicht nur durch die genannten Punkte, sondern auch durch die vielen Sicherheitsbedenken in Bezug auf den Kontrollverlust der eigenen Daten und die damit verbundene Einhaltung der gesetzlichen und eigenen Regeleinhaltung. Aufgrund dessen und gerade wegen der teilweise fehlenden Transparenz der Anbieter, die überaus wichtig für die Compliance ist, distanzieren sich Unternehmen von der Inanspruchnahme. Insofern binden die mit Cloud Computing verbundenen Veränderungen auch die Politik mit ein. Die Herausforderung ist hier, den Rechtsrahmen der Cloud-Servicebereitstellung entsprechend zu überprüfen und eventuelle Anpassungen vorzunehmen. Im Rahmen der Abschlussarbeit werden die Eignung des Cloud Computings für geschäftskritische und personenbezogene Daten, deren Folgen im Hinblick auf die Compliance und Schutzmaßnahmen sowie die Compliance-Kostenaspekte thematisiert.

1.1 Problemstellungen

Viele Unternehmen nutzen bereits die Cloud-Dienste, ohne alle Risiken zu kennen beziehungsweise sich dagegen abzusichern und sich vorab ausreichend damit auseinanderzusetzen. Die Auslagerung in die Cloud muss unter den gesetzlichen und unternehmensinternen Richtlinien und Rahmenbedingungen erfolgen. Denn die technische Kompetenz und Kontrolle wird nahezu vollständig in fremde Verantwortung übergeben, jedoch bleibt die juristische Verantwortung auch weiterhin beim Unternehmen. Die Verfügbarkeit und Sicherheit der Systeme und Anwendungen sowie die Integrität der Daten müssen zwingend gewährleistet werden. Aufgrund dessen nehmen Firmen von der Nutzung der Cloud Computing-Technologie auch Abstand, da diese auf den ersten Blick eine große und für viele undurchsichtige Herausforderung im Bereich der Rechtsgrundlagen darstellt.

1.2 Ziel/Motivation der Abschlussarbeit

Das Ziel dieser Abschlussarbeit ist es, aufklärend in Bezug auf die Sicherheitsbedenken gegen Cloud Computing zu wirken, aber auch die Risiken aufzuzeigen. Die Motivation ist hierbei, diverse fundierte Schriftwerke zu dem Thema durch aktuelle Literatur aus Fachzeitschriften und Internetquellen zu komplettieren. Hierbei werden Sicherheitsmöglichkeiten und Lösungen untersucht, die den größtmöglichen Schutz der Daten gewährleisten können. Herbeigeführt durch den zügigen Fortschritt und die fortwährende Weiterentwicklung im Cloud-Umfeld fehlen wichtige neue Erkenntnisse in diverser Literatur mit veralteten Informationsständen. Um einen optimalen und bestmöglichen Geschäftserfolg zu erzielen, sollen diese Defizite mit der Bachelorthesis und ihren umfassenden spezifischen und aktuellen Ergebnissen behoben werden.

1.3 Aufbau der Abschlussarbeit

Die Arbeit gliedert sich inklusive des Fazits in fünf Kapitel. Das erste Kapitel leitet diese Abschlussarbeit mit der Problemstellung über das Ziel und die Motivation bis zum Aufbau der Abschlussarbeit ein. Zu Beginn werden die Grundlagen des Cloud Computings, verbunden mit einer Marktanalyse und den Chancen und Risiken, erläutert. Aufbauend auf diesen Informationen, folgt der Hauptteil, bestehend aus dem Datenschutz und der Compliance. Die Untergliederung in die

2

einzelnen Kapitel beginnt zunächst mit der Datensicherheit, bei der im ersten Schritt die Risiken betrachtet werden. Auf dieser Basis werden die wichtigsten Schutzmaßnahmen dargestellt. Da Cloud Computing große juristische Risiken birgt, werden die einzelnen Aspekte in einem eigenen Kapitel (3.2) behandelt. Ein Fokus liegt hier auf dem Schutz von personenbezogenen Daten und der Vertragsgestaltung. Des Weiteren werden Verschlüsselungstechniken in Verbindung mit dem Einsatz der Cloud erläutert, um den Datenaustausch so sicher wie möglich zu gestalten. Wenn die Daten in fremde Verantwortung gegeben werden, sind die Vertragsvereinbarungen, wie im Kapitel 3.2 beschrieben, ebenso wichtig wie die Kontrolle der Einhaltung. Anschließend wird in den Lifecycle der Sicherheit übergeleitet, um für beide Vertragspartner ein bestmögliches Ergebnis zu erzielen. Nicht weniger relevant sind jedoch die Kosten, die in Kapitel 4 behandelt werden, und somit auch die Folgen der Compliance. Beendet wird die Ausarbeitung mit dem Fazit.

2 Cloud Computing

Cloud Computing steht primär für die Verlagerung von Rechenleistung und Speicherplatz in ein Data-Center. Im Fokus steht dabei besonders die zeitnahe und flexible Verfügbarkeit von Cloud-Services, eine höhere Innovationsfähigkeit sowie die bessere Performance der IT-Leistungen und der mobile Zugriff auf die Unternehmensdaten.[1] Es gibt verschiedene Definitionen für Cloud Computing. Das dem amerikanischen Wirtschaftsministerium unterstehende National Institute of Standards and Technology (NIST) beschrieb im Jahr 2009 die Technik weiterführend mit einem hohen Potenzial zur Kosteneinsparung durch das Abrechnungsmodell „pay-per-use" – der Zahlung des tatsächlichen Gebrauchs. Zudem wird bereits das Sicherheitsrisiko in der Definition festgehalten:

Die Sicherheit steht immer im Zusammenhang mit neuer Computertechnologie, und Cloud Computing hat ebenfalls Vor- und Nachteile. Das Modell bietet die Verfügbarkeit der Services mit einer dezentralen Architektur in Verbindung mit

---

[1] Vgl. BITKOM (2012)b

3

der Datenvertraulichkeit und den Integritätsherausforderungen bei der gemeinsamen Nutzung von Hardware-Ressourcen.[2]

Letztendlich liegt dem Cloud Computing die historische Entwicklung der letzten Jahrzehnte zugrunde, die bereits früh in den 1960er Jahren begann. Damals entstanden die ersten Überlegungen, große Berechnungsprobleme effizienter zu lösen, indem die Last von einem sogenannten Supercomputer auf mehrere Rechner verteilt wird. Dies erschien bereits nach außen hin als ein einzelnes transparentes System. In den 70er Jahren entstand das Cluster-Computing mit dem Zusammenschluss von mehreren homogenen Systemen über ein Hochgeschwindigkeitsnetzwerk. Die Alternative bildet das Grid-Computing mit seiner Vielzahl an heterogenen Systemen und der Nutzung von nicht genutzter CPU-Rechenleistung, die zu beliebigen Zeitpunkten ihren Teil beitragen. Vom diesem technischen Fortschritt unabhängig, wurden in den 80er Jahren auch zunehmend im IT-Bereich Teilaufgaben outgesourct.[3]

Somit entstand bereits vor Jahren die Idee, IT-Ressourcen gegen Nutzungsentgelte zur Verfügung zu stellen, und als erster weiterführender Versuch entstand das Application Service Provider-Modell (ASP-Modell), in dem einzelne Anwendungen und Serviceleistungen nach Bedarf (beispielsweise via Terminal-Server-Zugang) zur Verfügung gestellt werden. Allerdings existierten damals noch nicht die für diese Leistungen notwendigen technischen Voraussetzungen wie schnelle und stabile Internetverbindungen. Daher hatte dies zunächst keine Zukunft.[4]

Aus selbigem Grund konnten die Ansätze, bezogen auf die Vision von John McCarthy, auch zunächst nicht kommerziell umgesetzt werden. Das sogenannte Utility Computing-Konzept sah im Jahr 1961 vor, die Rechenleistung wie den Strom aus der Steckdose zu beziehen. Die Vision wurde im heutigen Cloud Computing durch das Abrechnungsmodell Pay-per-Use wieder aufgegriffen, indem es dem Benutzer ermöglicht wird, über einen Zeitraum die Leistung intensiv zu nutzen, aber ebenso problemlos, wieder darauf zu verzichten (siehe auch Kapitel 2.2 Rapid Elasticity).[5] Die Entstehung des neuen Cloud Hypes[6] ist folglich der weite-

---

[2] Vgl. National Institute of Standards and Technology (2009)
[3] Vgl. Vossen, G./Haselmann, T./Hoeren, T. (2012), S.13-15
[4] Vgl. Hansen, R./Neumann, G. (2009), S.553
[5] Vgl. Vossen, G./Haselmann, T./Hoeren, T. (2012), S.19
[6] Vgl. Gartner (2009)

ren Entwicklung der Infrastruktur und der guten vorangegangenen Entwicklung zu verdanken. Die weitere Grundlage wird im folgenden Kapitel aufgezeigt – die Virtualisierung.

2.1 Virtualisierung

Eine Cloud Computing-Umgebung zeichnet sich durch die Ressourcenentkopplung von der physischen Infrastruktur aus. Die Virtualisierung bildet mit mehreren unabhängigen virtuellen Systemen auf einem Hardwaresystem eine Grundlage für das Cloud Computing. Bereits durch das in den 70er Jahren entwickelte Konzept des virtuellen Speichers bei der Programmierung wird die Illusion eines unendlich großen logischen Speichers gegeben, der nur durch den physischen Speicherplatz begrenzt wird. Die Virtualisierung ist demnach für den Anwender transparent.[7] Sie ist eine Abstraktionsebene in Hardwaresystemen mit getrennten, unabhängigen Rechenoperationen. Die sogenannten virtuellen Maschinen (VM) sind mit ihren vier Kernelementen der CPU, dem Arbeitsspeicher, der Festplatte und dem Netzwerk als eine Einheit zu sehen.[8] Durch die Trennung der Systeme bis auf die Ebene der Virtualisierungs-Software kann zudem die Sicherheit der Systemarchitektur erhöht werden, da in erster Linie kein Einfluss auf die anderen VMs besteht. Des Weiteren ist es für den Provider von essenzieller Bedeutung, die Hardware möglichst auszulasten, um preislich am Markt konkurrieren zu können.[9]
VMs sind in Bezug auf ihren Ort sehr flexibel einsetzbar und lassen sich innerhalb kürzester Zeit verschieben. Ebenso beweglich sollte schlussfolgernd auch die Sicherheit gewährleistet werden. Dies kann auch über eine VM gemacht werden. Hierbei werden Sicherheitsprogramme als Virtual Security Appliance auf den Servern des Cloud-Anbieters implementiert Die Voraussetzung für die Nutzung von VMs ist eine fehlerfreie Funktion des Hypervisors. Ist die vollständige Trennung zwischen Gast und Host nicht mehr gegeben, birgt dies große Sicherheitsrisiken. Wenn der Schadcode erst einmal aus der isolierten VM heraus im Hypervisor eingedrungen ist, kann er die vollständige Kontrolle über alle virtuellen Maschinen erhalten. Die Sicherheit bei VMs ist also genauso wie bei physikalischen

---

[7] Vgl. Vossen, G./Haselmann, T./Hoeren, T. (2012), S.17
[8] Vgl. Thorns, F. (2008), S.21
[9] Vgl. Vossen, G./Haselmann, T./Hoeren, T. (2012), S.18

Servern nicht zu vernachlässigen. Schwachstellen im Hypervisor können beispielsweise durch eine in der VM installierte Malware ausgenutzt werden. Somit gilt der Hypervisor als größtes Angriffsziel einer virtualisierten Umgebung. (Weiterführende Informationen zum Schutz im Kapitel 3.1.2)

2.2 Charakteristika

Die fünf zentralen Charakteristika des Cloud Computings sind Resource Pooling, Rapid Elasticity, On-Demand Self Service, Broad Network Access und Measured Service.[10]

Resource Pooling

Das Resource Pooling beschreibt die gemeinsame Nutzung von physischen Ressourcen. Hierbei erfolgt die Trennung von logischen und physischen Ressourcen.

Rapid Elasticity

Der Begriff steht für die dynamische manuelle oder automatische Anpassbarkeit in Abhängigkeit mit dem aktuellen Ressourcenbedarf.

On-Demand Self Service

Eine wichtige Voraussetzung ist die Anpassung auf die Eigeninitiative des Nutzers, der dadurch von den Mitarbeitern des Providers unabhängig wird. Dieser Prozess ist auf Anbieterseite weitestgehend automatisiert, um überhaupt funktionieren zu können und günstige Preise zu realisieren.

Broad Network Access

Über ein Netzwerk, in der Regel ist dies das Internet, stehen die Ressourcen bereit. Zum Einsatz kommen dabei Standardprotokolle wie HTTP und XML und eine Unterstützung für diverse Endgeräte, die ein mobiles Arbeiten ermöglichen.

Measured Service

Im Hintergrund jedes Cloud-Services steht die Messung der tatsächlichen Ressourcennutzung. Dies dient dem Zweck der Abrechnung (pay-per-use), der Kontrolle und auch der automatischen Anpassung des Services (zum Beispiel für mehr benötigten Speicherplatz).

---

[10] Vgl. Vossen, G./Haselmann, T./Hoeren, T. (2012), S.22-25

6

2.3 Services

Es gibt eine Vielzahl von Cloud-Services. Das NIST schlägt die Klassifizierung in Software as a Service (SaaS), Platform as a Service (PaaS) und Infrastructure as a Service (IaaS) vor.[11] Nach SaaS und IaaS folgten weitere Angebote wie Storage as a Service, Logic as a Service oder Network as a Service. Alle Arten von Cloud-Services werden auch aufgrund des gemeinsamen Suffixes unter Anything as a Service (Xaas) zusammengefasst.[12] In den folgenden drei Kapitelabschnitten werden zunächst die Servicemodelle und darauffolgend die Liefermodelle erläutert.

2.3.1 Software as a Service

Der Vorgänger von Software as a Service (Saas) war das in der Einführung dieses Kapitels genannte ASP-Modell.

„Beim SaaS-Modell bietet der Provider eine Software an, die der Endkunde unmittelbar einsetzen kann. Der Betrieb der Software liegt vollständig beim Anbieter, der sich um alle Aspekte der Wartung, Aktualisierung, Fehlerbeseitigung, Weiterentwicklung oder Lizenzierung der benötigten Soft- und Hardware kümmert."[13]

Der Grundgedanke ist der Wegfall einer lokalen Installation auf dem Endgerät und der einfache Aufruf der Software über den Browser. Historisch wurde daher der Begriff on-demand (nach Bedarf) häufig verwendet. Es war zunächst das am stärksten verbreitete Service-Modell.[14] Typische Beispiele hierfür sind SAP Business ByDesign, Oracle CRM On Demand und das führende Cloud Computing-Unternehmen Salesforce.com mit der Service Cloud 2.[15]

2.3.2 Platform as a Service

Mit Platform as a Service wird Softwareentwicklern die Möglichkeit eröffnet, eigens hergestellte Programme auf einer Plattform bereitzustellen. Hierbei liegen typische Komponenten eines Entwicklungsprojektes als vorgefertigte Services vor, um den Softwarecode bereitzustellen. Anzuführen sind Komponenten wie die

---

[11] Vgl. National Institute of Standards and Technology (2012)
[12] Vgl. Vossen, G./Haselmann, T./Hoeren, T. (2012), S.27-28
[13] Ebd., S.28
[14] Vgl. Metzger, C./Reitz, T./Villar, J (2011), S.21-22
[15] Vgl. Salesforce.com Germany GmbH (2012)

Datenbankschnittstelle, das Single-Sign-On, die Reporting- und Dashboard-Funktionen sowie nutzbare Security-Konzepte und vieles mehr.[16]

Es wird dem Kunden ein Rahmen geboten, in dem er freie Verfügung hat. Schnell lassen sich somit Testumgebungen schaffen, und die Software kann schneller und produktiv zum Einsatz kommen. Üblich ist an dieser Stelle auch eine automatische Skalierung je nach Auslastung. Typische Provider sind hier Google mit der App Enginge oder Mircosoft mit Windows Azure.[17]

2.3.3 Infrastructure as a Service

Angelehnt an die Vision des Utility Computing (siehe Kapiteleinleitung) und klassifiziert unter dem Begriff IaaS ist beispielsweise Storage as a Service sowie die Nutzung von virtuellen Telefonanlagen und Back up-Services. Der Anbieter stellt virtuelle Hardware und Infrastrukturdienste wie Speicherplatz, Rechenleistung und Netzwerkbandbreite bereit.[18]

2.4 Architektur

Die genannten Servicemodelle haben noch keine Aussagekraft darüber, wie die Leistung erbracht wird. Unterschieden wird hier zwischen der Privat-, Public-, Hybrid- und Community Cloud.[19]

2.4.1 Private Cloud – nicht öffentlich

Die Private Cloud lässt das Risiko der Datensicherheit und des Datenspeicherortes möglichst gering ausfallen, da sich der Provider mit der Cloud im optimalen Fall im Unternehmen des Kunden befindet. Hier kann jedoch auch eine Auslagerung stattfinden. Sie wird in diesem Fall auch exklusiv für den einen Kunden betrieben, kann alternativ aber auch vom Kunden selbst anstelle eines externen Anbieters betrieben werden. Jedoch kommt dies in der Regel nur bei größeren Unternehmen vor, die sich intern entsprechend organisiert und unterteilt haben.

---

[16] Vgl. Metzger, C./Reitz, T./Villar, J (2011), S.21
[17] Vgl. Vossen, G./Haselmann, T./Hoeren, T. (2012), S.29
[18] Vgl. ebd.
[19] Vgl. National Institute of Standards and Technology (2012)

2.4.2 Public Cloud – öffentlich

Die öffentliche Cloud zeichnet sich hingegen durch eine hohe Mindestgröße aus, um einen möglichst hohen Skaleneffekt zu erzeugen, und wird immer von einem externen Anbieter betrieben. Sie wird von den unterschiedlichsten Nutzern beansprucht und hat daher ein wesentlich höheres Risiko in Bezug auf die Datensicherheit. Um auch bei diesem Architekturmodell mehr Sicherheit zu erlangen, gibt es zwei Unterformen: die Open Cloud und die Exclusive Cloud. Bei der letzteren Form gibt es keine unbekannten Nutzer. Im Normalfall werden hier explizite Verträge zwischen Anbieter und Nutzer geschlossen. Es existieren keine zufälligen Nutzer in der Cloud-Instanz. Bei der Open Cloud hingegen erfolgt kein direkter Input über den Inhalt der Nutzer. Hier werden aufgrund der Vielzahl der Nutzer lediglich SLAs (Service Level Agreements) abgeschlossen, und die Nutzung von Instanzen läuft anbieterseitig automatisiert ab.[20]

2.4.3 Community Cloud

Sie ist für mehrere Organisationen und Unternehmen mit ähnlichen Anforderungen sinnvoll. Es handelt sich dabei um eine nicht öffentliche Variante, deren Nutzung dem Verbund/Zusammenschluss vorbehalten ist. Hier ist auch der Betrieb extern oder intern möglich. Der Einsatz erfolgt auf Wunsch/nach Bedarf einer Private Cloud, die jedoch aufgrund einer kleineren Unternehmens- bzw. Organisationsgröße nicht betrieben werden kann oder aus wirtschaftlichen Gründen nicht alleine betrieben werden soll.[21]

---

[20] Vgl. Metzger, C./Reitz, T./Villar, J (2011), S.19
[21] Vgl. Vossen, G./Haselmann, T./Hoeren, T. (2012), S.31

9

2.4.4 Hybrid Cloud

Diese letzte Form entsteht durch den Zusammenschluss einiger der zuvor erläuterten Clouds. Ein denkbares Szenario wäre hier die Einstufung und somit auch Auswahl nach Sicherheitskriterien, indem die Wahl auf eine Private Cloud für hochwichtige und unternehmenskritische Daten fällt und niedriger Eingestuftes in der Public Cloud betrieben wird. Durch die Skalierbarkeit auch alternativ ist die Public Cloud eine Art der kurzfristigen Auslagerung.[22]

2.5 Marktanalyse

Zu Beginn wurden in der Cloud eher unkritische Daten genutzt, und die vielen bereits erwähnten Vorteile machten sich zahlreiche Serviceprovider zunutze, indem sie ebenfalls und unter hartem Wettbewerb ihre Leistungen anboten. Inzwischen geht es jedoch darum, das eigene Unternehmen weitaus gewinnbringender aufzustellen und durch die Cloud Wettbewerbsvorteile weiterentwickeln können. Zunehmend steigt somit auch das Bedürfnis an die Sicherheit, da die Cloud ein unverzichtbarer Teil der IT-Infrastruktur ist oder werden soll.

Es gibt verschiedene Möglichkeiten, um Daten im Netzwerk verfügbar zu machen. Da die zur Verfügung stehenden Budgets im IT-Bereich stetig abnehmen und wir uns in einer Servicegesellschaft befinden, ist eine zunehmende Entwicklung zu Cloud-Services zu verzeichnen. Angefangen bei Onlinespeicherkapazitäten (wie beispielsweise dem web.de-Onlinespeicher) und kleinen Diensten für Privatanwender drängen immer mehr Angebote von großen Unternehmen wie beispielsweise IBM an den Markt. Der deutsche Markt für Cloud Computing überstieg 2012 – laut einer Marktanalyse des Bundesverbands für Informationswirtschaft BITKOM – einen Umsatz von über 5 Milliarden Euro. Zudem wurde in der Studie ein Marktwachstum in Höhe von fast 50 Prozent für 2012 und ein Anstieg bis 2016 auf 17 Milliarden prognostiziert (siehe Abbildung 1).[23]

---

[22] Vgl. Vossen, G./Haselmann, T./Hoeren, T. (2012), S.31
[23] Vgl. BITKOM (2012)a

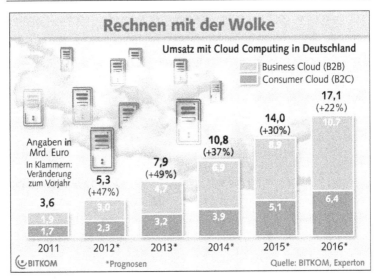

Entnommen aus: http://www.bitkom.org/de/presse/74532_71376.aspx

Abbildung 1: Cloud Computing-Umsatz in Deutschland

Die Business Cloud-Umsätze im Jahr 2012 von 1,4 Milliarden Euro gliedern sich in Cloud-Dienstleistungen mit 1,1 Milliarden durch Investitionen in die Hardware und 500 Millionen Euro für Integration und Beratung auf.[24] Die Unternehmensbefragung Cloud-Monitor 2012 belegt die Nutzung von Cloud Computing bei jedem vierten Unternehmen. Dies bezieht sich auf 28 Prozent aller Unternehmen (400 IT-Verantwortliche mit einer Unternehmensgröße mit mehr als 20 Mitarbeitern) in Deutschland. Ein Großteil der Firmen sind laut dem BITKOM-Präsidenten, Prof. Dieter Kempf, damit zufrieden. Hiervon nutzen 27 Prozent die Private Clouds und nur 6 Prozent die Public Cloud. Begründet ist die untergeordnete Rolle der Public Clouds in der Angst eines möglichen Datenverlusts. Die positive Erfahrung liegt hier jedoch bei 80 Prozent.[25] Letzteres führte mutmaßlich auch zur positiven Entwicklung der Telekom-Cloud. Ein Sportzentrum in Asien schloss den längsten laufenden Vertrag über 21 Jahre über IT-Services in Höhe von 60

---

[24] Vgl. BITKOM (2012)a
[25] Vgl. BITKOM (2012)b

11

Millionen Euro. Das für den Bereich zuständige Tochterunternehmen T-Systems plant, bis 2015 circa eine Milliarde mit dem Cloud Geschäft zu erzielen.[26]

Trotz der positiven Erfahrungen existieren aktuell noch viele ungeklärte Fragen und Kritikpunkte, gerade in Bezug auf die Sicherheit der Cloud-Dienste. Die Bemühungen um Standards sind hierbei überfällig, da Unternehmen, öffentliche Einrichtungen, gemeinnützige Organisationen und Anwender immer größere Datenmengen speichern und verwalten müssen.[27]

Für die Definition von Standards in diesem Bereich hat die SNIA (Storage Networking Industry Association) eine Cloud Storage-Initiative gegründet.[28] Aktuell fällt die Akzeptanz gegenüber den externen Services für sicherheitskritische Daten unterschiedlich aus. Aufgrund von Meldungen wie über den großen Datenverlust im 4. Quartal 2009, der im privaten Bereich bei der Nutzung des Sidekicks von T-Mobile USA (zum Beispiel bei der Verwendung des Onlinefotoalbums) auftrat, ist es durchaus nachvollziehbar.[29] Für ein Unternehmen könnte so etwas fatale Auswirkungen haben.

Nicht nur in Deutschland gibt es Bedenken in Bezug auf Datenschutz und Datensicherheit. Dies wird durch einen Bericht des National Security Telecommunications Advisory Committee (NSTAC) an den US-Präsidenten bestätigt. Es wurde untersucht, inwieweit die Cloud für die US-Regierung sinnvoll einsetzbar ist. Laut dem Bericht erfüllt die Cloud bisher nicht die Bedingungen der nationalen Sicherheit und Notfallvorsorge. Das NSTAC fordert daher unter anderem die Verschlüsselung der Daten und regelmäßige Audits durch Dritte.[30]

Nach dem Security-Report der IT-Sicherheitsfirma Alert Logic im Herbst 2012 sind Angriffe auf Cloud Computing-Services im Jahr vor Veröffentlichung der Studie erheblich gestiegen. Eine Differenzierung zwischen Serviceprovidern und

---

[26] Chip Xonio Online GmbH (2013)
[27] Bercovici, V. (2010)
[28] SNIA ™ Cloud Storage Initiative (2010)
[29] Wilkens, A. (2009)
[30] Vgl. National Security Telecommunications Advisory Committee (2012)

den Unternehmen mit dem Betrieb einer eigenen Cloud (On-Premise) gliedert sich hierbei wie folgt: 76 % Prozent bei den Serviceprovidern und 24 % im Bereich der Private Cloud. Die Studie beruht auf Erfahrungen von über 1.600 Kunden aus verschiedenen Branchen mit über 70.000 Security Incidents. Die folgende Grafik (siehe Abbildung 2) zeigt die häufigsten Gründe für die Incidents in den beiden Sektoren.[31]

Entnommen aus: http://www.alertlogic.com/resources/state-of-cloud-security-report/

Abbildung 2: Top drei Sicherheits-Incidents

Es stellt sich die Frage, ob Cloud-Angebote vom Serviceprovider in mancher Hinsicht als sicherer anzusehen sind als die unternehmenseigene IT-Infrastruktur. Aufgrund der Spezialisierung des Anbieters und dessen Kerngeschäft wird die höhere Sicherheit belegt. Demnach werden Private Clouds im Verhältnis häufiger angegriffen als die Infrastrukturen der Cloud-Serviceprovider. Man kann vermuten, dass dies am Zugriff von unqualifiziertem Personal liegt, wodurch die Schutzmaßnahmen unzureichend werden. Wenn das Unternehmen andere Kernkompetenzen als IT hat, wird das Personal in vielen Fällen nur unzureichende Kenntnisse der Sicherheitsmaßnahmen haben. Wie in der oben stehenden Grafik (siehe Abbildung 2) ersichtlich, werden oftmals Angriffe auf Web-Anwendungen gestartet, und es gibt Brute Force-Attacken, um Passwörter von Usern und Systemverwaltern in Erfahrung zu bringen. Beides wird zu einem Sicherheitsproblem.[32]

---

[31] Vgl. Alert Logic (2012)
[32] Vgl. ebd.

Der europäische Datenschutztag am 28. Januar 2013 hat seinen Schwerpunkt auf die EU-Datenschutzreform gelegt. Neben der Reform ging es vor allem um den Datenschutz beim Cloud Computing. Hier erklärte unter anderem der Cloud-Security-Experte des TÜVs Rheinland, Hendrik Reese: "In sensiblen Bereichen werden Cloud-Dienste noch nicht zum Einsatz kommen. Der Grund: mangelndes Vertrauen in Datenschutz und Datensicherheit bei den Cloud-ServiceServiceprovidern."[33] Derzeit fehlt es noch an klaren Rahmenbedingungen. Es ist zwingend erforderlich, präzise festzulegen, was als Mindeststandard für den Auftraggeber und Auftragnehmer gelten muss.[34]

Die Sicherheit bietenden rechtlichen Möglichkeiten, Informationen und Indizien für einen sensiblen Umgang mit den Daten sind in den folgenden Kapiteln nachzulesen.

2.6 Chancen und Risiken

Für viele Unternehmen ergeben sich durch die neuen Angebote Möglichkeiten, um weiterhin wettbewerbsfähig zu bleiben. Die wirtschaftlichen Vorteile lassen sich grob in die Ressourcenteilung, Skalierbarkeit und eine schnelle Einführungszeit untergliedern. Die Cloud bietet mit ihrem flexiblen Geschäftsmodell viele Chancen, geschäftliche Herausforderungen abzudecken. Bei folgenden Szenarien kann die Nutzung der Cloud-Services wertvoll unterstützen. Die hier zugrunde liegenden Vorteile werden im weiteren Verlauf dieser Arbeit kritisch betrachtet.

2.6.1 Vorteile

Aufschub/Minimierung von Hardwareinvestitionen und schnelle Implementierung
Wenn eine schnelle Erweiterung der vorhandenen Kapazitäten und Leistungsangebote nötig ist, kann eine möglichst schnelle Bedarfsanpassung vorgenommen werden, um für eine performante IT zu sorgen und die Bedarfe des Business zeitnah zu erfüllen. Dies wird von vielen Anbietern durch standardisierte Integrationsprozesse und den simplen Einkauf von Rechenleistung ermöglicht. Somit lassen sich durch Vorlagen und Schnittstellen auch Anwendungen zeitnah in Test-und Produktionsumgebungen implementieren, deren Abläufe teilweise durch Vor-

---

[33] Steiner, F. (2013)
[34] Vgl. Steiner, F. (2013)

lagen und Tools unterstützt werden. Wegen investiver Budgetbegrenzungen liegen hier laufende Betriebskosten zugrunde, bei denen häufig mehr Spielraum besteht. Durch häufig standardisierte Integrationsprozesse der Anbieter können hierbei nochmals Kosten bei der Integration vermieden werden.[3536]

Höchste Skalierbarkeit und maximale Flexibilität der Ressourcen
Die erforderliche Flexibilität für die bedarfs- und zeitgenaue Bereitstellung von
Rechenressourcen wird durch eine Cloud-basierte Infrastruktur erreicht. Viele
Workloads sind dynamisch und benötigen bei maximaler Auslastung gegenüber
der gemittelten Rechenleistung mehr Kapazität. Nicht genutzte Rechenleistung
wird dagegen vorgehalten und bleibt teilweise ungenutzt. Bei diversen Anbietern
wird jedoch nur die Leistung abgerechnet, die tatsächlich auch in Anspruch ge-
nommen wurde.[37]

Konsistenz- und Qualitätsverbesserung
Während der Entwicklungs- und Implementierungsphase besteht die komfortable
Möglichkeit, die Anwendungen in Verbindung mit der Rechenleistung optimal
abzustimmen. „IT-Mitarbeiter können Anwendungen in einer umfassend skalier-
ten Umgebung testen und dadurch sowohl Leistung als auch Arbeitslast präzise
bestimmen."[38] Durch den festgelegten Prozess (der Nutzung von definierten
Cloud-Services) lassen sich Standardisierungen im gesamten Unternehmen leichter durchsetzen und vereinheitlichen. Dies trägt beispielsweise zur Konzernsicher-
heit bei, da sich standardisierte Anwendungen und Zugänge besser kontrollieren
lassen.

---

[35] Vgl. Hewlett-Packard (2012)a
[36] Vgl. Stadtmueller, L. (2012), S.5
[37] Vgl. ebd.
[38] Ebd.

15

Reduzierung des Wartungsaufwands und technologischer Fortschritt

Gerade im IT-Umfeld bedeutet Stillstand gleichzeitig auch Rückschritt. Mit dem technologischen Fortschritt zu gehen, ist daher zwingend notwendig, um einen direkten, positiven Einfluss auf das Geschäftsergebnis zu haben.

„Sind Ihre einzigen Konkurrenten beispielsweise Unternehmen, deren IT-Wartungskosten sich zwischen 80 und 90 Prozent bewegen, kann auch eine nur geringfügige Änderung dieses Verhältnisses Ihnen schon einen erheblichen Wettbewerbsvorteil verschaffen."[39]

Ebenso lässt sich die Konkurrenzfähigkeit gegenüber neu gegründeten Unternehmen, die häufig auf moderne IT-Konzepte setzen, leichter wahren.

Bei einer Umfrage des Unternehmens Frost & Sullivan gaben 43Prozent der befragten IT-Entscheidungsträger die mangelnde Aktualität der eigenen Rechenzentren im Vergleich zu neuen Technologien als ein Hauptproblem an. Diese Verantwortung würde jedoch an den Cloud-Provider weitergegeben werden und interne Ressourcen können besser genutzt werden.[40]

Doch nicht nur im privaten Sektor werden die Wartungskosten thematisiert, auch die US-Bundesregierung erkennt die Notwendigkeit der Kostensenkung in diesem Bereich. Im Juli 2011 erzählte der damals scheidende US-CIO Vivek Kundra, was im Wesentlichen viele Unternehmen – und in diesem Fall auch die US-Regierung – machen. Sie beantragen mehrere Millionen Dollar beim Aufsichtsrat, um ein E-Mail-System oder ein Rechenzentrum zum Hosting von Websites aufzubauen.[41]

2.6.2 Nachteile

Den oben genannten Vorteilen und somit auch Chancen, die sich für Unternehmen im harten Wettbewerb bieten, stehen jedoch auch zugleich Risiken gegenüber, die im aktuellen Kapitel behandelt werden. Im darauf folgenden Hauptthemenkomplex werden einzelne Themenabschnitte nochmals intensiver behandelt.

---

[39] Hewlett-Packard (2012)b
[40] Vgl. Stadtmueller, L. (2012), S. 5-6
[41] Vgl. Colvin, G. (2011)

Leistungserbringung

Wie auch bei den folgenden Nachteilen kann es bereits bei der Leistungserbringung zu Einschränkungen kommen. Durch die dynamisch genutzte Umgebung können durch begrenzte Infrastrukturressourcen zum Beispiel Latenzprobleme auftreten.[42]

Zuverlässigkeit

Ein weiterer Punkt ist die Zuverlässigkeit der nutzbaren Ressourcen. Hardwareausfälle oder Angriffe auf die Infrastruktur können beim Cloud-Provider oder auch im eigenen Rechenzentrum auftreten. Entscheidend sind hierbei die vereinbarten SLAs, in denen die Verfügbarkeit vertraglich festgehalten ist. Hierbei kann jedoch nicht vorausgesetzt werden, dass der Anbieter denselben hohen Ausfallsicherheitsstandard wie das bisherige eigene Rechenzentrum bietet. Hierbei kommt es auf die Zusammenarbeit der Vertragspartner an. Die Planungs- und Sicherungsressourcen für unterbrechungsfreie Geschäftsabläufe sollten ausführlich definiert werden.[43]

Kontrolle

Wird eine Sache aus der Hand gegeben, verliert man in der Regel die Kontrolle darüber. Ein Entgegenwirken ist hier nur durch die Überprüfung möglich. Der Provider sollte daher eine für eine Vertrauensbasis ausreichende Transparenz zeigen und Informationen in Form von Prozessabläufen und Leistungsdaten bereitstellen.[44]

Sicherheit

Die Sicherheit ist Kernbestandteil dieser Ausarbeitung, aufgrund dessen hier nur eine kurze Erläuterung zum Thema Cloud-Sicherheit erfolgt. Beim Zugriff auf Daten und Ressourcen über das Internet steigt das Risiko des unbefugten Zugriffs und der Datenmanipulation.

---

[42] Vgl. Stadtmueller, L. (2012), S. 6
[43] Vgl. ebd.
[44] Vgl. ebd.

3 Datenschutz und Compliance

Die Daten werden auf den Rechnern des Cloud-Anbieters oder seiner Subunternehmer gespeichert. Der Anbieter muss daher Sicherheitsfunktionen implementieren und bereitstellen. Diese Maßnahmen sind sowohl für die Datenhaltung als auch für den Datentransfer notwendig. Aus der Vielzahl technischer Möglichkeiten im Bereich der Datensicherheit muss die beste Auswahl getroffen werden. Für die oft vorgebrachten Bedenken bezüglich Sicherheit und Compliance des Cloud-Modells haben Provider in der Zwischenzeit gezielte Sicherheitsangebote konzipiert. Dies leitet sich ohnehin schon aus der Notwendigkeit ab, die Angebote auf die Compliance-Anforderungen des Kunden abzustimmen. Wie dies im Einzelnen aussieht, wird in diesem Kapitel genauer aufgezeigt. An diesem Punkt verweist auch die European Network and Information Security Agency (Enisa), die gemeinsam mit den EU-Institutionen und den staatlichen Behörden eine Sicherheitskultur für EU-weite Informationsnetze anstrebt und entwickelt,[45] auf den unerlässlichen Einsatz der Compliance bei der Nutzung von Cloud-Diensten hin.[46]

Cloud Compliance steht für die nachweisbare Einhaltung von Regeln zur Nutzung oder Bereitstellung von Cloud Computing und hat die Schaffung von Transparenz und Sicherheit zum Ziel.

Speziell bei kleinen und mittelständischen Unternehmen kann sich die Compliance in der Cloud sehr positiv auswirken. Die vielen Vorgaben, wie Gesetze, Regelungen und Verordnungen, stellen häufig eine sehr große Herausforderung dar, deren Einhaltung durch die Auswahl der entsprechend zertifizierten Provider erleichtert wird. Da die Serviceanbieter hierbei ihre Kernkompetenz haben, verfügen sie neben guten technischen Ausstattungen auch über ein hohes Sicherheitsniveau (siehe hierfür das Kapitel 3.3 über Zertifizierungen) mit dem entsprechenden Know-how eines Compliance-Spezialisten oder eines Chief Compliance Officers.

---

[45] Vgl. Europäische Union (2013)
[46] Vgl. European Network and Information Security Agency (2009)

Wie hoch an dieser Stelle der Aufklärungsbedarf ist, zeigt eine Ende vergangenen Jahres (2012) herausgebrachte Studie, in der unter anderem die Behinderungsfaktoren für Cloud Computing in den Unternehmen dargestellt sind (siehe Abbildung 3).

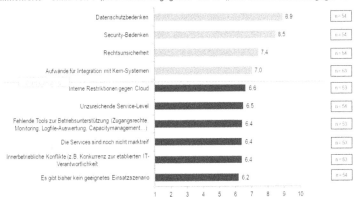

Mittelwerte – Skala von 1=„kein Hinderungsgrund" bis 10=„sehr starker Hinderungsgrund"

Entnommen aus: Lünendonk GmbH

Abbildung 3: Hürden für Cloud-Services

3.1 Datensicherheit

Gerade bei Unternehmen aus dem Finanz- und Industriebereich sowie Behörden wird die Private Cloud vorgezogen. In Bezug auf den Datenschutz ist die Sicherheit der Informationen und Anwendungen so bestmöglich gewährleistet. Jedoch bestehen bei dem Modell hohe Investitionskosten im IT-Budget-Plan, sodass es in jedem Fall wichtig ist, sich mit der Sicherheit der anderen Modelle ausführlich zu beschäftigen, um ggf. eine Hybrid Cloud zu betreiben.

3.1.1 Risiken

Bedingt durch den Betrieb von Dritten und die öffentliche Erreichbarkeit der Cloud, bestehen Sicherheitsrisiken, die von der Cloud Security Alliance (CSA) als die sieben großen Gefahren bei der Nutzung von (Public) Cloud Computing beschrieben worden sind. Durch die schnelle und einfache Verfügbarkeit mit einer sehr guten Netzanbindung eignen Cloud-Systeme sich optimal als Angriffsziel für beispielsweise Denial of Service-Attacken. Zudem kommen mögliche Schwachstellen an den Interfaces (Management- und Programmierschnittstellen) hinzu, wodurch die Möglichkeit des fremden Zugriffs auf Datenbestände besteht. Eine weitere potenzielle Schwachstelle stellen die Mitarbeiter des Cloud-Anbieters dar. Doch auch durch das sogenannte Resource Pooling (die gemeinsame Verwendung der Ressourcen) besteht das Risiko, dass die Trennung der Nutzerdaten nicht zuverlässig erfolgt. Wie im eigenen Rechenzentrum können technische Probleme auch beim Cloud-Anbieter auftreten, die nicht selten zum Datenverlust führen. (Siehe hierfür auch das Beispiel von T-Mobile, wie in Kapitel 2.5 erwähnt). Hinzu kommt ein ungewollter Zugriff durch vielfach eingesetzte, zu einfach gehaltene Anmeldevorgänge.[47]

Eine nicht ausreichende Mandantentrennung in der Cloud-Umgebung birgt die Gefahr des unautorisierten Zugriffs durch Dritte. Auch sollten die Provider vorab auf ihre wirtschaftliche Situation geprüft werden. Auf diese Weise sinkt das Risiko der Insolvenzgefahr. Nicht selten werden Rechenzentren in diesen Fällen an andere Provider weiterverkauft.

Die Strafverfolgung ermöglicht die Beschlagnahmung von Hardware, was im schlechtesten Fall bedeutet, eine Zeit lang keinen Zugriff auf die eigenen Daten zu haben. Doch auch die Gefahr des Ressourcenhandels besteht bei unseriösen Anbietern. Hinzu kommt das Risiko von Erpressungsversuchen, beruhend auf der Tatsache eines steigenden Personenkreises mit Administrationsaufgaben für die Ressourcen. Viele Unternehmen haben die Problematik eines unterschiedlichen Ausbildungsniveaus und Sicherheitsbewusstseins bei ihrem Personal.

Die Verletzung der Compliance kann zudem starke juristische Auswirkungen durch die Datenhaltung in anderen Ländern haben, da diese den spezifischen Rechtsordnungen der jeweiligen Länder unterliegen. Hier muss im Vorwege explizit geprüft werden, welchen gesetzlichen Bestimmungen die jeweiligen Unternehmen unterliegen. Die Datenschutzgesetze sind zwingend zu beachten (siehe

---

[47] Vgl. Cloud Security Alliance (2010)

hierfür Kapitel 3.2.1). Unter der Betrachtung des Bundesdatenschutzgesetzes § 3 Abs. 8 ist die Nutzung von Cloud-Services bei Providern mit Sitz in der EU oder dem Europäischen Wirtschaftsraum (EWR) zulässig. Ist dies nicht der Fall, müssen zusätzlich die Vorgaben des BDSG § 11 Abs. 2 bedacht und in den Standardvertrag der EU zur Auftragsdatenverarbeitung[48] (Standard Contract Clauses for Data Processing) integriert werden.

Abgesehen von den technischen Herausforderungen, bestehen auch herkömmliche Bedrohungen – der Einbruch bei einem Dienstleister: Dies zeigte beispielsweise vor einem Jahr ein Einbruch bei dem Unternehmen RSA Security. Hierbei wurden Daten entwendet, die sicherheitsgefährdend für die Unternehmensdaten der Kunden sein können. Das Unternehmen hat daher aus Sicherheitsgründen und auf Verlagen der Kunden damit begonnen, ihre 40 Millionen Hardware-Token auszutauschen.[49]

3.1.2 Schutz

Für den Schutz in der Cloud gibt es mehrere Maßnahmen, die ergriffen werden sollten bzw. vom Anbieter eingesetzt werden können. In diesem und in den folgenden Kapiteln werden daher verschiedene Maßnahmen aufgezeigt, die ein möglichst sicheres Arbeiten mit den Cloud-Services gewährleisten können. Dieses Kapitel befasst sich mit allgemeineren Maßnahmen, die in den folgenden Abschnitten keine Einordnung haben.

Zunächst besteht das Erfordernis einer Klassifizierung nach der benötigten Sicherheitsstufe, um im zweiten Schritt zu entscheiden, welches Servicemodell (siehe Kapitel 2.4) in Verbindung mit welchem Anbieter ausgewählt werden kann. Beachtung finden hier auch die juristischen Aspekte (siehe Kapitel 3.2) wie die staatliche Zugriffsmöglichkeit, wenn die Daten nicht mehr dem rechtlichen Rahmen Deutschlands unterstellt sind.[50]

[48] Vgl. Mayer Brown (2010)
[49] Vgl. Eikenberg, R. (2011)
[50] Vgl. Fallenbeck, Dr. N./Windhorst, I. (2012)

Wie im Kapitel 2.1 beschrieben, muss die Virtualisierung geschützt werden. Für den Schutz einer Cloud-Infrastruktur, sprich des Hypervisors, des Management-Servers und der Application Programming Interfaces (API), können Lösungen von Intel, Netasq, Symantec und weiteren Anbietern eingesetzt werden. Mit den sogenannten Virtual Security Appliances werden die Funktionen von einer Firewall, Antivirenprogrammen, Antispammodulen, Content Filtern und Intrusion-Prevention-Technologien kombiniert. Cloud-Anbieter arbeiten beispielhaft mit Produkten des Herstellers VMware: „Bei VMsafe handelt sich um ein neues Programm zur optimalen Nutzung der Funktionen von VMware vSphere zum Schutz von Maschinen."[51] Das Produkt ermöglicht es, Third Party-Herstellern (s. Abbildung 11) einen gemeinsamen Zugriff auf die Hypervisor-APIs zu geben. Hierfür fungiert eine VM als Überwachungsinstanz über das virtuelle Netzwerk.

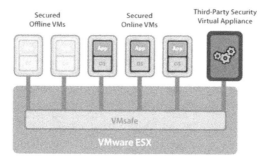

Entnommen von: http://www.vmware.com/de/technical-resources/virtualization-topics/security/vmsafe/usecases

Abbildung 4: Sicherheitstechnologie VMsafe

Die Sicherheitskontrollen erfolgen für online- und offline-VMs. Somit besteht ein vollständiger Zugriff auf alle Gastsysteme durch VMsafe. Es werden Informationen wie beispielsweise vom Arbeitsspeicher, der CPU und dem Netzwerkverkehr einsehbar und der Lese-/Schreibzugriff auf Speichermedien wird überwacht. Eine Kombination aus den genannten Sicherheitslösungen ist ebenfalls möglich und zudem in Einzelfällen von Vorteil. Hat eine VM einen besonders hohen Wert im

---

[51] VMware, Inc (2013)

Unternehmen, kann diese beispielsweise mit einer eigenen Sicherheitsanwendung ausgestattet werden. Beim Einsatz einer VM wird der Sicherheitswächter benachrichtigt, der im nächsten Schritt auf eine eigene Sicherheitssoftware prüft. Verwendet die VM keine entsprechende Software, fließt der Datenverkehr über die Sicherheits-VM.

3.2 Juristische Aspekte

Ein guter Rechtsrahmen kann etwaige Unsicherheiten für die Nutzung von Cloud-Services vermindern. Für die Auftraggeber sind die Schaffung von Rechtssicherheit in der Cloud, die Weiterentwicklung von Betriebskonzepten sowie vertragliche und gesetzliche Regelungen die zentralen Themen, um Handlungsfähigkeit in der Cloud zu erreichen.

3.2.1 Datenschutzrechtliche Bestimmungen und Compliance-Regeln

Bei der Datenhaltung und -verarbeitung durch Dritte stellt sich die Frage nach dem Schutz der Daten. Ein Unternehmen hat ein Schutzinteresse im Hinblick auf Betriebs- und Geschäftsgeheimnisse, personenbezogene und andere, ähnlich sensible Daten. Es ist zwingend erforderlich, darauf zu achten, ob durch die Nutzung eines Cloud-Services die Daten konform zu den geltenden Vorschriften über den Datenschutz gespeichert und weiterverarbeitet werden.

Zur Regeleinhaltung gehören nicht nur die Kapitel aus dem Bundesdatenschutzgesetz und dem Telekommunikationsgesetz (TKG), sondern auch die allgemeinen gesetzlichen Anforderungen aus den deutschen Gesetzbüchern. Hierzu gehören:[52]

- § 823 BGB Schadensersatzpflicht
- § 276 BGB Verantwortlichkeit
- § 283 ff. StGB Bankrott
- § 203 StGB Verletzung von Privatgeheimnissen
- § 91 Abs. 2 AktG Organisation, Buchführung
- § 238 Abs. 1 S.2 HGB Buchführungspflicht
- § 239 Abs. 4 HGB Führung der Handelsbücher

---

[52] Vgl. Business-Cloud (2011)

- § 257 HGB Aufbewahrung von Unterlagen – Aufbewahrungsfristen
- Aufgabenordnung § 146 Ordnungsvorschriften für die Buchführung und für die Aufzeichnungen
- Aufgabenordnung § 147 Ordnungsvorschriften für die Aufbewahrung von Unterlagen

Neben der Prämisse, die eigenen Daten bestmöglich zu schützen, unterliegen die Daten mehreren Datenschutz- und Sicherheitsanforderungen aus nationalen und internationalen Datenschutzvorgaben. Das Datenschutzrecht ist einer der wichtigsten Punkte beim Cloud Computing. Nach der geltenden EG-Datenschutzrichtlinie „95/46/EG des europäischen Parlaments und des Rates vom 24. 10. 1995 zum Schutz natürlicher Personen bei der Verarbeitung personenbezogener Daten und zum freien Datenverkehr"[53] ist es verboten, personenbezogene Daten aus Mitgliedsstaaten der EU in Länder außerhalb der EU zu transferieren, die keinem vergleichbaren EG-Recht unterliegen. Dies wird jedoch unter der Voraussetzung eines vergleichbaren Sicherheitsschutzniveaus des Drittlandes gestattet. Dies ist in der Regelung über die Rechtsgrundlage zur Datenverarbeitung im BDSG § 28 durch die Zulässigkeit der Datenübermittlung an einen Empfänger mit einem angemessenen Schutzniveau beschrieben.[54] Diesbezüglich wurde ein Abkommen mit den USA und der EU-Kommission getroffen – die Safe-Harbor-Vereinbarung. Der somit legalisierte Datentransfer beruht auf der Einhaltung von datenschutzrechtlichen Mindeststandards (weiterführende Informationen in Kapitel 3.3.1). Alternativ kann und muss der Auftraggeber mit dem Auftragnehmer einen Vertrag über die Datenverarbeitung schließen. Die Basis bilden hierbei die EU-Standardvertragsinhalte 2002/16/EG.[55]

---

[53] Europäisches Parlament (1995)
[54] Vgl. Bundesministerium der Justiz (2013)
[55] Vgl. Europäisches Parlament (2002)

An erster Stelle steht in Deutschland das Bundesdatenschutzgesetz (BDSG)[56] mit den Paragrafen:

- § 3 Abs. 8 BDSG Datenüberlassung Dritter im Ausland
- § 9 BDSG Technische und organisatorische Maßnahmen
- § 11 BDSG Erhebung, Verarbeitung oder Nutzung personenbezogener Daten im Auftrag

Zum Schutz der Compliance sind die Cloud-Serviceanbieter ebenso wie jedes andere Unternehmen, das Berührungspunkte mit IT-Datenverarbeitung hat, zur Einhaltung von Regeln verpflichtet. Für jedes Land die entsprechenden Compliance-Vorgaben zu kennen, stellt selbst spezialisierte Unternehmen vor eine Herausforderung.

Das US-Bundesgesetz Sarbanes-Oxley Act (SOX oder auch SOA) findet im Finanzbereich Anwendung. Es wurde 2002 aufgrund von Finanzskandalen verabschiedet und definiert im weitesten Sinne, welche Berichte aufbewahrt werden sollen und für wie lange, um die allgemeine Öffentlichkeit vor Buchhaltungsfehlern und betrügerischen Praktiken zu schützen. Somit wirkt es sich nicht nur auf die finanzielle Seite aus, sondern beinhaltet auch die Aufgabe der elektronischen Speicherung von Berichten bis zu 5 Jahre lang. Verstöße dagegen können mit Geldstrafen und/oder Haft geahndet werden. Für die Datenverwaltung sind drei Regeln definiert.[57]

- § 1519 – Die Vernichtung, Änderung und Fälschung sowie das Vorenthalten von Aufzeichnungen, Dokumenten und greifbaren Objekten wird als Beeinflussung gewertet und mit einer Strafgebühr verstehen. Alternativ oder zudem kann eine Inhaftierung von bis zu 20 Jahren erfolgen.
- § 1520, Abs. 1 – Die Aufbewahrungsfrist vom Ende des Haushaltsjahres beträgt 5 Jahre bei Prüfungs- und Wertpapieren. Dies trifft auf alle Buchhalter zu, die eine Bilanzprüfung bei einem Herausgeber von Wertpapieren durchführen.

---

[56] Vgl. Bundesministerium der Justiz (2013)
[57] Vgl. U.S. Securities and Exchange Commission (2002)

- § 1520, Abs. 1 – Die Security- und Exchange-Kommission soll innerhalb von 180 Tagen die Regeln und Vorschriften zur Aufbewahrung relevanter Aufzeichnungen veröffentlichen. Beispielsweise alle Geschäftsberichte und (elektronische) Kommunikationen, die in Zusammenhang mit einer möglichen Prüfung oder Revision stehen können.

Weiterführend ist in den USA der Health Insurance Portability and Accounting Act (HIPAA) im Gesundheitswesen zu beachten. Damit sollen Anforderungen des Datenschutzes und der Datensicherheit von elektronischen Patientendaten erfüllt werden. HIPAA regelt die Offenlegung und Verwendung von geschützten Gesundheitsinformationen. Auch hier können bei Verstößen Haftstrafen und Geldbußen bis zu 25.000 USD anfallen.[58]

Der Federal Information Security Management Act (FISMA) ist ein US-Bundesgesetz mit Anwendung auf alle Informationssysteme, die von US-Bundesbehörden, von Vertragspartnern oder anderen Organisationen im Namen der Regierung genutzt werden. Demnach müssen US-amerikanische Bundesbehörden jährlich überprüfen, ob die gespeicherten Daten und die damit verbundenen Informationssysteme einschließlich der Dienste vonseiten externer Unternehmen eine ausreichende Datensicherheit gewährleisten.[59]

Die Unternehmen unterliegen demnach diversen branchenspezifischen Compliance-Vorschriften. Ergänzend sind noch weitere internationale Regelungen zu nennen, wie zum Beispiel die EU-Richtlinie zur Abschlussprüfung (EuroSOX), die Eigenkapitalvorschriften Basel II und darauf aufbauend Basel III und die Verfahrensrichtlinie zur Sicherheitsoptimierung bei Kredit-, Kunden- und EC-Karten-Transaktionen PCI DSS (Payment Card Industry Data Security Standard), auf die hier nicht weiter eingegangen wird, da sie nur indirekt mit der Ausarbeitungsthematik im Zusammenhang stehen und dies im vorgegebenen Rahmen das Maß überschreiten würde. Die Einhaltung ist jedoch auch im Bereich Cloud-Service zwingend erforderlich.

---

[58] Vgl. U.S. Government Printing Office (1996)
[59] Vgl. National Institute of Standards and Technology (2002)

Resultierend aus den oben genannten Punkten, kann die Verantwortung zur Einhaltung der Gesetze und Beschlüsse nicht an den Cloud-Anbieter übertragen werden. Ein Unternehmen hat selbst für die Einhaltung der Regeln Sorgfalt zu tragen und unter den entsprechenden Anforderungen die geeignete Auswahl zu treffen.

Staatlicher Zugriff

Über dem Datenschutz steht der Heimatschutz: Durch den von G. Bush unterzeichneten USA Patriot Act (= Uniting and Strengthening America by Providing Appropriate Tools Required to Intercept and Obstruct Terrorism Act) aus dem Jahre 2001 zum Schutz und zur Stärkung gegen Terrorismus sind abgespeicherte Daten bei US-Providern nicht vor dem Zugriff der Geheimdienste geschützt. Das gilt auch, wenn das Datacenter außerhalb der USA, beispielsweise in der EU liegt. Laut dem hochrangigen Microsoft UK Manager Gordon Frazer könne weder Microsoft noch irgendein anderes Unternehmen mit dem Hauptsitz in den USA den ausschließlichen Zugriff für den Eigentümer garantieren, da sie den US-Gesetzen unterliegen.[60] Ein möglicher Anbieter wäre jedoch IBM Deutschland, das als erstes Unternehmen in Deutschland mit nationalen Lösungen am Markt agiert.

Der schleswig-holsteinische Landesdatenschützer Thilo Weichert warnt aus dem oben genannten Grund die deutschen Behörden explizit vor der Nutzung von Cloud-Diensten.

Gegenüber den VDI-Nachrichten äußerte er sich zu dieser Gesetzeslage: „Schon die Regelung ist ein Skandal. Sie führt dazu, dass Unternehmen sich nicht an [den] gesetzlich geregelten Datschutz in Europa halten, wenn US-Partnerunternehmen übermäßig von US-Behörden unter Druck gesetzt werden."[61]

Doch auch die deutsche Bundesregierung plant den Zugriff auf gespeicherte Daten in der Cloud (für weitere Informationen siehe Kapitel 3.5). Zum aktuellen Zeitpunkt liegen jedoch noch keine konkreten Ergebnisse vor.[62]

---

[60] Vgl. Whittaker, Z. (2011)
[61] VDI Nachrichten (2011)
[62] Vgl. Deutsche Bundesregierung (2012)

3.2.2 Vertragsgestaltung

Die Vertragsgestaltung stellt ein wichtiges Element bei der Servicenutzung dar. In Anlehnung an Vertragselemente aus einem klassischen IT-Outsourcing-Vertrag sind Vereinbarungen über Compliance und Datenschutz zu treffen. In Anbetracht des Kontexts dieser Arbeit folgen in diesem Kapitel ausführliche Informationen, die sich für die Sicherheit beim Cloud Computing empfehlen. Als Entscheidungsgrundlage ist dennoch vorab folgendes Wissen über SLAs (Service-Level-Agreements) zu beachten: Die Dauer zur Erreichung einer Hochverfügbarkeit wird mit Wiederherstellungs-Servicezeiten schriftlich fixiert.

SLA

Vor der Übergabe der Daten zum Cloud-Provider sollten detaillierte Service Level Agreements für die Sicherheitsangelegenheiten mit dem Anbieter und gegebenenfalls dessen Subunternehmern vereinbart werden. Ein System mit einer 99,9 %igen Verfügbarkeit toleriert bereits eine Ausfallzeit von 8.8 Stunden.[63] Dies kann erhebliche Gefahren in Bezug auf die Produktivität eines Unternehmens haben.

Die Verfügbarkeit ist anhand folgender Formel zu errechnen:

$$Verfügbarkeit = \frac{Gesamtzeit - Ausfallzeit}{Gesamtzeit}$$

Die Berechnung der Systemausfallzeiten bezieht sich in der Regel auf den Zeitraum von einem Jahr.[64]

Cloud-Angebote, die standardisiert angeboten werden, beinhalten vielfach auch fertig vorgegebene SLAs, die seitens des Kunden nicht verändert oder nachverhandelt werden können. Dies ist die Grundlage für günstig angebotene Leistungen eines Cloud-Providers. Hier müssen Unternehmen genau prüfen, inwieweit die Standard-SLAs von einem eigenen Soll-SLA abweichen. Resultierend aus dem Ergebnis spricht man sich folglich entweder für oder gegen den Anbieter aus.

---

[63] Vgl. Lenz, U. (2009), S. 38
[64] Vgl. ebd.

Datenschutz

Hinsichtlich des Datenschutzes sind die Art und Nutzung der Daten, deren Nutzerkreis und die Dauer der Nutzung einschließlich der Löschung der Daten schriftlich zu fixieren. Ebenso gehört die Nennung von Ansprechpartnern für alle Anfragen des Datenschutzes dazu. Wie bereits erwähnt, spielt der Sitz des Anbieters in Bezug auf die Compliance eine Rolle. Es gilt daher, ebenfalls die Hauptniederlassung sowie Unternehmen, die an der Leistungserbringung beteiligt sind, vertraglich festzuhalten und sie an die gleichen Verpflichtungen zu binden. Anknüpfend daran sollte ein Sonderkündigungsrecht beim Wechsel von Subunternehmern vereinbart werden. Alle Personen, die mit dem vereinbarten Service in Verbindung stehen, sind in Bezug auf die Einhaltung des Datenschutzgeheimnisses und ähnliche vereinbarte Regelungen zu verpflichten. Bezüglich einer möglichen Insolvenz des Auftragnehmers oder der Subunternehmer müssen bereits im Vorwege Regelungen zum Schutz der Daten getroffen werden, die u. a. die Datenrückgabe und -löschung beinhalten. Um auch in der Zukunft die gleiche Leistungsqualität wie bei der Vertragsaufnahme zu erhalten, ist es erforderlich, Klauseln für die aktuellen Zertifizierungen und deren fortwährende Aktualität aufzunehmen.

Weitere Vertragsbestandteile sind die Regelung der Verantwortlichkeiten für die Umsetzung von datenschutzrelevanten Weisungen des Auftraggebers, die Durchführung der entsprechenden Maßnahmen. Definiert werden muss auch das Ausmaß beziehungsweise der Sachverhalt eines anzuzeigenden Verstoßes in Bezug auf personenbezogene Daten oder die Vereinbarung. Ergänzend sollte auch eine Einigung über die Informationspflicht vom Auftragnehmer an den Auftraggeber bei Zugriffen durch Strafverfolgungsbehörden und andere staatliche Stellen niedergeschrieben werden.

Im Bereich der allgemeinen IT-Sicherheit ist eine Beschreibung der einzusetzenden Sicherheitslösungen (Einsatz von Virenscannern, Firewalls und entsprechende Schutzmaßnahmen) anzufügen. Relevant sind des Weiteren Vermerke über das Durchführen von Sicherheits-Checks, die Verwendung von Verschlüsselungsmethoden und des Authentifizierungsverfahrens. Mit einem hohen Detailgrad ist auch die Datensicherung und Datenlöschung zu beschreiben. Anzuführen sind hierbei Datenspiegelungen in Verbindung mit Failover-Verfahren um eine hohe Sicherheit und Verfügbarkeit zu erlangen. In Abhängigkeit mit gesetzlichen Vorschriften ist auch die Lagerungsdauer, die Rücksicherungsmöglichkeit und der Umfang der Maßnahmen (beispielsweise die räumliche Trennung vom Datenspiegel etc.) festzuhalten. Für die Beendigung eines Vertrages ist die nachweisliche Löschung und Übergabe der Daten zu vereinbaren.

Wie bei vielen anderen Verträgen sollte auch beim Cloud Computing-Vertrag das Kontrollrecht ein Bestandteil sein. Im Detail bedeutet dies die Durchführung einer Kontrolle/eines Audits des Auftraggebers oder eines beauftragten Dritten vor Ort beim Auftragnehmer, um die Einhaltung der Verpflichtungen sicherzustellen.[65]

Zusammenfassend beschrieben sind die nicht verzichtbaren Bestandteile eines Cloud-Vertrages die technischen Parameter für Wartungs- und Reaktionszeit, garantierte Verfügbarkeit, nutzbare Bandbreite und die Art der Daten. Ebenso müssen prozessbezogene Kennzahlen für Umsetzungen von Leistungen erfasst werden. Der Service muss zwingend gemessen werden. Um auf einer fairen Grundlage für beide Seiten zu arbeiten, müssen Messmethoden und Kennlinien erfasst werden. Neben einem zu vereinbarenden Monitoring, dem Speicherort inklusive des Gerichtsstands für etwaige spätere Probleme und der Eigentumsregelung der Daten wird der Vertrag durch Regeln der Datensicherheit, deren Nachprüfbarkeit sowie des späteren Verbleibs der Daten abgerundet. Das Sicherheitsmonitoring sollte eine umfassende Dokumentierung aufweisen. Anzuführen wären hier Login-Aktivitäten, festgestellte Angriffe und weitere sicherheitsrelevante Vorgänge. Auch sollte an einen Disaster Recovery-Plan gedacht werden, um den Geschäftsbetrieb mit der Cloud weiter abzusichern.

3.2.3 Gewährleistung und Haftung

Die Standard-Verträge der Cloud-Anbieter weisen weitgehende Haftungsausschlüsse auf, aufgrund derer es für den Kunden häufig schwer ist, Ansprüche geltend zu machen. „Bereits die gerichtsfeste Darlegung eines Schadens ist häufig

---

[65] Vgl. EuroCloud/UBIT/IT-Cluster/Austrian Standards Institute (2012)

mit Schwierigkeiten verbunden. Der Anspruchsteller muss zunächst nachweisen, dass ihm ein Schaden kausal durch eine Pflichtverletzung des Cloud-Anbieters entstanden ist."[66] Zudem obliegt es dem Kläger, die Höhe des Schadens nachzuweisen. Anzuführen sind Kosten wie der theoretisch entgangene Gewinn oder die Vergütung von Überstunden der Mitarbeiter.

Eine wichtige Frage stellt sich im Hinblick auf die Aufteilung der Haftung. Der Auftraggeber ist gegenüber dem Geschädigten verantwortlich für die Einhaltung der datenschutzrechtlichen Vorschriften. Er haftet somit nach außen gegenüber seinem Kunden. Wie im Innenverhältnis gegenüber dem Cloud-Anbieter Ansprüche durchzusetzen sind, richtet sich nach der vertraglichen Regelung. Das Bundesdatenschutzgesetz unterscheidet zwischen der verantwortlichen und verarbeitenden Stelle. Ratsam ist zudem ein vertraglich vereinbarter deutscher Gerichtsstandort, um mögliche Vollstreckungs- oder Vollziehungsprobleme zu umgehen. Nach Möglichkeit sollte deutsches Recht bei deutschen Cloud-Kunden gelten.[67]

Im Hinblick auf das Kapitel 3.4, Verschlüsselung der Daten, kann die Übermittlung unverschlüsselter Informationen gesetzliche Folgen nach sich ziehen: Ein Verlust von ungeschützten, personenbezogenen Daten ist ein Verstoß gegen das Datenschutzgesetz! Resultierend daraus kann eine solche fahrlässige Handhabung mit Daten durch die Aufsichtsbehörden verfolgt und mit Geldstrafen belegt werden. Die damit verbundene Aufmerksamkeit der Presse kann einen hohen (Image)-Schaden für das Unternehmen bedeuten.[68] Um kurz drei Risiken zu nennen: Hier stehen an erster Stelle die Manipulation der Daten, der Datenhandel (Weiterverkauf) sowie die damit verbundene Spionage von Unternehmensgeheimnissen zum eigenen Nutzen, um Wettbewerbsvorteile zu erlangen.

---

[66] Jansen, Dr. T. (2011)
[67] Vgl. ebd.
[68] Vgl. Foth, M. (2006), S.11

3.3 Zertifizierung

Ein Weg, um die Sicherheit von Cloud Computing für potenzielle Anwender zu dokumentieren, ist eine Zertifizierung der Dienstleister. Zunächst ist auch darauf zu achten, ob der Provider ein definiertes Vorgehensmodell für das Management der IT-Prozesse hat. Dies trägt durch ein strukturiertes Patch-, Configuration-, Change-, System- und Application-Management zur Sicherheit der Cloud-Infrastruktur bei. Anzuführen sind hier die Modelle nach ITIL (IT Infrastructure Library) oder Cobit (Control Objectives for Information and Related Technology). Zudem sollte auf ein Notfall- und Störungsmanagement geachtet werden.[69]

3.3.1 Safe Harbor

Die Datenschutzvereinbarung Safe Harbor gestattet den legalen Datentransfer zwischen der EU und den USA. Voraussetzung hierfür ist die Verpflichtung durch den Anbieter bei den zuständigen Datenschutzbehörden. Im Cloud-Bereich ist eine Selbstzertifizierung nach Safe Harbor als Nachweis nicht ausreichend.[70] Dies begründet sich hauptsächlich in der unterlassenen Prüfung auf Einhaltung. Empfehlenswert ist, eine eigene Überprüfung zu veranlassen und weitere Vereinbarungen zu treffen.

3.3.2 ISO 27001

Von besonderer Wichtigkeit ist hierbei die Zertifizierung nach der ISO-27001-Norm. Sie steht für den De-facto-Standard, um sich die Umsetzung des IT-Grundschutzes durch das Bundesamt für Sicherheit in der Informationstechnik (BSI) zertifizieren zu lassen. Sie steht für ein angemessenes Sicherheitsniveau durch BSI-Standards und deren IT-Grundschutz-Kataloge inklusive der dafür unterstützenden Software GSTOOL.[71/72] Die Sicherheitsstandards ISO 27001 und auch SAS70 (nächster Abschnitt) werden jedoch inhaltlich dem Cloud Computing nicht uneingeschränkt gerecht und sind in Bezug auf die Cloud zu erweitern und mit anderen Zertifikaten zu kombinieren.

---

[69] Vgl. Fallenbeck, Dr. N./Windhorst, I. (2012)
[70] Vgl. Vossen, G./Haselmann, T./Hoeren, T. (2012), S.109
[71] Vgl. Bundesamt für Sicherheit in der Informationstechnik (2013)b
[72] Vgl. Bundesamt für Sicherheit in der Informationstechnik (2013)a

3.3.3 SAS-70

Folgende weitere Zertifizierungen stehen für die Erfüllung von IT-Sicherheits-
anforderungen.

Das Zertifikat SAS-70-Typ-II wird nach den Vorgaben des American Institute of
Certified Public Accountants (AICPA) vergeben und steht für die richtige und
vollständige Verarbeitung von Finanzdaten durch die dafür ausgelegten IT-
Prozesse. Es ist von hohem Stellenwert bei Unternehmen, die dem SOX (siehe
Kapitel 3.2.1) unterliegen und eine Bestätigung für ein Unternehmen über ein
funktionierendes Kontrollsystem. Da viele deutsche Unternehmen für Auftraggeber in den USA tätig sind, wächst die Bedeutung der SAS-70 Reports auch in der
EU und in Deutschland. Durch Typ II wird eine Bescheinigung über die Wirk-
samkeit der Kontrollen erbracht. Typ I steht für die Bescheinigung über die An-
gemessenheit der Kontrollen und gibt Auskunft über das interne Kontrollsystem
des Dienstleisters.[73] Eine Wertebeimessung kann jedoch erst nach Prüfung der
tatsächlich geprüften Punkte erfolgen. Dies geht aus der zusätzlichen Dokumentation hervor, und erst das gibt den Umfang der in dem Fall vorgenommenen Zertifizierung wieder.[74]

3.3.4 EuroCloud

Das Unternehmen EuroCloud bietet eine Auditierung von Cloud-Anbietern in
dem Bereich SaaS, mit der neben den rechtlichen Aspekten auch die betriebliche
Bereitstellung sowie die Serviceerbringung durch unabhängige Experten geprüft
wird. Das Audit endet mit der Zertifizierung durch das EuroCloud Star Audit
Software as a Service Certificate.[75]

---

[73] Vgl. PricewaterhouseCoopers (2013)
[74] Vgl. Vossen, G./Haselmann, T./Hoeren, T. (2012), S.109
[75] Vgl. EuroCloud Austria (2011)

3.3.5 EuroPriSe

Das europäische Datenschutz-Gütesiegel „European Privacy Seal" (EuroPriSe) steht für datenschutzkonforme IT-Produkte und IT-basierte Dienste. „Die EuroPriSe-Kriterien bilden die Vorgaben der europäischen Datenschutzrichtlinie (RL 95/46/EG) und anderer wichtiger datenschutzrechtlicher Regelungen der EU, wie z. B. der ePrivacy-Richtlinie, ab."[76] Für die Erlangung dieses Zertifikats ist die Antragsstellung bei der Zertifizierungsstelle, dem Unabhängigen Landeszentrum für Datenschutz (ULD), vorzunehmen, woraufhin die Prüfung durch einen anerkannten Gutachter durchgeführt wird. Nach der Erfüllung der Anforderungen, wie die Datenschutzerklärung, die Auftragsdatenverarbeitungsverträge und weitere Vorlagekriterien, wird ein Bericht erstellt, der von der ULD abgenommen wird. Durch die Prüfung eines unabhängigen Gutachters steigt der Wert des Zertifikats, und in einem Kurzgutachten sind zusätzlich die wichtigsten Resultate zusammengefasst. Eine Überprüfung mit der entsprechend erhaltenen Zertifizierungsnummer ist leicht für potenzielle Servicenutzer auf der Webseite von EuroPriSe möglich und stärkt das Vertrauen in die Echtheit der ordnungsgemäßen Zertifizierung.[77]

3.3.6 TÜV Trusted Cloud

Das TÜV Trusted Cloud-Zertifikat wurde erstmals im November 2011 an die Host Europe GmbH ausgestellt. Zur Prüfung standen dabei verschiedenste Punkte, wie die Einhaltung gesetzlicher Bestimmungen, die physikalische Sicherheit der Produkte, der Umgang mit Störungen und Änderungen oder auch die Kapazitäts- und Verfügbarkeitsplanung des Unternehmens. Eine Dokumentation erfolgt ebenfalls in der TÜV-auditierten Datenbank nach ISO 27001 Information Security Management System.[78]

---

[76] EuroPrise Imprint (2013)
[77] Vgl. EuroPrise Imprint (2012)
[78] Vgl. TÜV Trust IT Austria GmbH (2011)

3.3.7 FedRAMP

Ein kontinuierliches Monitoring und Identity Management in Bezug auf die Authentifizierung und Autorisierung für kritische Bereiche sind ebenfalls nötig. Zur Unterstützung einer standardisierten Annäherung bei Security Assessments, Autorisierungen und fortwährendem Monitoring bei Cloud-Services gibt es das Federal Risk and Authorization Management Programm (FedRAMP). Es resultiert ebenfalls in einer Zertifizierung in Übereinstimmung mit dem FISMA.[79]

Wichtig ist jedoch auch die regelmäßige Neuzertifizierung des Dienstleisters. Hierbei ist bei der Auswahl unbedingt drauf zu achten. Das EuroPriSe-Zertifikat hat zum Beispiel eine Gültigkeit von 2 Jahren.[80]

3.4 Verschlüsselung

Um die Daten bei der Herausgabe/Übermittlung in fremde Datenzentren zu schützen, müssen sie verschlüsselt werden. Neben der verschlüsselten Ablage der Daten ist ein sicherer Transfer in die Cloud ebenso von hoher Bedeutung. Diese sollten ausschließlich über eine gesicherte (verschlüsselte) Verbindung übertragen werden, da nicht nur rechtliche Konsequenzen (siehe Kapitel 3.2.3) erfolgen können, sondern dem Unternehmen auch ein wirtschaftlicher Schaden zugefügt werden kann. Zu Beginn dieses Kapitels werden die Grundlagen der Verschlüsselungssysteme und -verfahren erklärt. Weiterführend wird der Einsatz von Zertifikaten mit einer Public-Key-Infrastruktur (PKI) erläutert. Die Zugangsvariante und die Schlüssel zu den verschlüsselten Daten sind besonders gut auszuwählen und zu schützen. Gehen die Anwender leichtfertig mit den benötigten Informationen zum Zugang um, besteht eine erneute Gefährdung der Datenbestände.

Grundsätzlich wird zwischen drei Verschlüsselungsverfahren unterschieden. Dies sind die schnelle symmetrische Verschlüsselung und die langsamere, aber bessere asymmetrische Verschlüsselung. Die dritte Variante ist eine Kombination aus beiden Verfahren und heißt hybride Verschlüsselung.

---

[79] Vgl. U.S. General Services Administration (2012)
[80] Vgl. EuroPrise Imprint (2012)

3.4.1 Symmetrische Verschlüsselung

Bei der symmetrischen Kryptografie wird für die Ver- und Entschlüsselung der gleiche private Schlüssel verwendet. Die größte Schwachstelle stellt die Übertragung des Schlüssels dar, der vor Beginn der eigentlichen Kommunikation übermittelt wird. Eine Übertragung des Schlüssels kann beispielsweise über eine andere gesicherte Verbindung, per Datenträger (CD, USB-Stick, etc.) oder persönlich erfolgen.[81] (siehe Abbildung 5)

Abbildung 5: Symmetrische Verschlüsselung

Als Negativbeispiel steht das Verfahren der monoalphabetischen Substitution. Hierbei werden Buchstaben des Klartexts durch andere Buchstaben ersetzt, woraus sich der Chiffretext ergibt. Der Chiffretext kann jedoch relativ einfach und bereits aus einer kleinen Menge Chiffretext wieder in Klartext umgewandelt werden. Das kommt durch statistische Eigenschaften der Sprachen zustande, die Angreifer sich zunutze machen. Zum Beispiel wird bei der englischen Sprache der Buchstabe e, gefolgt von t, o, a, n und i, am häufigsten verwendet. Die häufigsten Buchstabenkombinationen sind des Weiteren th, in, er und re, etc. Auf der Basis dieser Grundinformationen beruht der Vorteil eines potenziellen Angriffs.[82] Hieran kann man sehen, wie groß das Risiko ist. Es sollte daher beim Vertragsabschluss auf genau festgehaltenen Definitionen bezüglich der Verschlüsselung be-

---

[81] Vgl. Hansen, R/Neumann, G. (2005), S. 292
[82] Vgl. Tanenbaum, A. (2009), S. 717

standen werden. Verschiedene andere Verfahren untergliedern sich in Stromchiffren und Blockchiffren. Bei Letztem wird eine feste Blockgrößte chiffriert und dechiffriert. Bei der Stromchiffre hingegen wird jedes Zeichen einzeln umgewandelt.

Ein weitaus sichereres Verfahren als die Obengenannten ist der Advanced Encryption Standard (AES oder auch Rijndel genannt), der in den USA als Standardverschlüsselungsalgorithmus gilt und den Vorgänger Data Encryption Standard (DES) ablöste. Er ist dort für Dokumente mit höchster Sicherheits- bzw. Geheimhaltungsstufe zugelassen.[83] Die Blockverschlüsselungsverfahren IDEA (International Data Encryption Algorithmus) und Twofish erweitern das Angebot. „Für ernst zu nehmende Sicherheit sollten mindestens 256-Bit-Schlüssel verwendet werden."[84]

3.4.2 Asymmetrische Verschlüsselung/Public Key-Kryptografie

Die Voraussetzung für das asymmetrische oder auch Public-Key genannte Verfahren ist ein zusammengehörendes Schlüsselpaar. Es werden unterschiedliche Schlüssel zum Ver- und Entschlüsseln verwendet.[85]

„Ist ein sorgfältig gewählter Verschlüsselungsschlüssel gegeben, dann ist es nahezu unmöglich, den dazu korrespondierenden Entschlüsselungsschlüssel zu finden. Unter diesen Umständen kann der Verschlüsselungsschlüssel öffentlich gemacht werden, lediglich der private Entschlüsselungsschlüssel muss geheim gehalten werden."[86] Die Daten werden mit dem öffentlichen Schlüssel des anderen verschlüsselt. Der Empfänger ist durch die Nutzung seines öffentlichen Schlüssels in der Lage, die Nachricht mit seinem privaten Schlüssel zu entschlüsseln. Das Schlüsselpaar, bestehend aus dem öffentlichen und privaten Schlüssel, wurde vorher beim Sender und/oder Empfänger erzeugt.[87] (siehe Abbildung 6)

---

[83] Vgl. National Institute of Standards and Technology (2001)
[84] Tanenbaum, A. (2009), S. 717
[85] Vgl. ebd., S. 718
[86] Tanenbaum, A. (2009), S. 718
[87] Vgl. Hansen, R/Neumann, G. (2005), S. 293

Eigene Darstellung

Abbildung 6: Asymmetrische Verschlüsselung

Diese Art der Verschlüsselung kann zudem auch für eine Authentifizierung verwendet werden. Hierbei verschlüsselt der Sender die Nachricht zunächst mit seinem eigenen privaten Schlüssel. Im zweiten Schritt erst wird die Nachricht mit dem öffentlichen Schlüssel vom Empfänger chiffriert. Erhält der Empfänger diese Nachricht, wird sie zuerst mit dem eigenen privaten Schlüssel, sprich dem Gegenstück des selbst veröffentlichten Schlüssels, entschlüsselt, um sie anschließend mit dem öffentlichen Schlüssel des Senders komplett zu dechiffrieren. Mit dem letzten Schritt wird verifiziert, dass es sich um den richtigen Sender handelte, da nur der öffentliche Schlüssel des Senders passen kann. (siehe Abbildung 7)

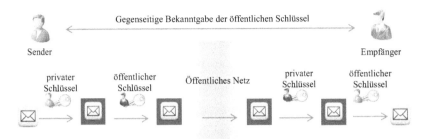

Abbildung 7: Authentifizierung via asymmetrischer Verschlüsselung

3.4.3 Hybride Verschlüsselung

Bei der hybriden Verschlüsselung werden die beiden zuvor genannten Verfahren kombiniert. Hierbei wird der geheime Schlüssel für jede Sitzung neu erstellt (Session Key). Die Generierung des öffentlichen Schlüssels erfolgt hingegen einmalig.

Beidseitig wird ein Schlüsselpaar generiert, und es wird wie bei der asymmetrischen Verschlüsselung der öffentliche Schlüssel vom Sender zum Empfänger übermittelt. Im nächsten Schritt wird die Nachricht mit dem geheimen Schlüssel des Senders symmetrisch verschlüsselt. Danach wird der private Schlüssel des Senders mithilfe des öffentlichen Schlüssels des Empfängers asymmetrisch verschlüsselt. Der verschlüsselte geheime Schlüssel inklusive der Nachricht wird an den Empfänger übertragen. Jetzt wird es möglich, mittels des privaten Schlüssels den geheimen Schlüssel des Senders zu entschlüsseln. Der Empfänger ist jetzt in der Lage, mit dem geheimen Schlüssel des Senders die Nachricht entschlüsseln. (siehe Abbildung 8)

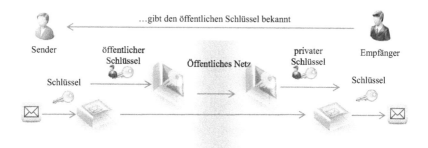

...gibt den öffentlichen Schlüssel bekannt

Sender   öffentlicher   privater   Empfänger
          Schlüssel   Öffentliches Netz   Schlüssel

Schlüssel   Schlüssel

Eigene Darstellung

Abbildung 8: Hybride Verschlüsselung

Der geheime Schlüssel verfällt nach jeder Sitzung. Dies erhöht die Sicherheit, da für folgende Sitzungen jedes Mal ein neuer Schlüssel generiert wird.

3.4.4 Public-Key-Infrastruktur

Eine Public-Key-Infrastructure (PKI) gewinnt zurzeit immer mehr an Bedeutung und bindet die Verschlüsselungsverfahren mit ein. Auf ihr basiert das IAM (siehe Kapitel 3.4.5.4),[88] und sie stellt digitale Zertifikate für die Zugangsrechte aus, verteilt und prüft sie. Für die Nutzung von Signaturverfahren muss der öffentliche Schlüssel bekannt sein. Hierbei besteht die Möglichkeit der Veröffentlichung über eine Webseite oder aber die Ausstellung mittels eines an die Nachricht angehängten Zertifikats. Darin enthalten sind die Identitätsdaten des Zertifikatsinhabers, die Gültigkeitsdauer und der öffentliche Schlüssel sowie die digitale Signierung einer vertrauenswürdigen dritten Partei – der Zertifizierungsstelle (Certification Authority, CA). Mit dem Zertifikat wird die Zugehörigkeit des öffentlichen Schlüssels zum privaten Schlüssel nachgewiesen.[89] Es existieren verschiedene öffentliche Stellen für die Zertifikatsaustellung. In Deutschland ist die Bundesnetzagentur als öffentliche Stelle benannt, die es niedergelassenen Zertifizierungsanbietern gestattet, die Ausstellung zu tätigen.[90]

---

[88] Vgl. Siemens AG (2013)
[89] Vgl. Tanenbaum, A. (2009), S. 720/721
[90] Vgl. Bundesnetzagentur (2011)

3.4.5 Einsatz in der Cloud

Im Folgenden wird beschrieben, warum der Einsatz von Kryptografie optimal für den Schutz geeignet ist. Beruhend auf der weiten Akzeptanz der Kryptografie, um beispielsweise Internetzahlungsabwicklungen zu sichern, ist sie ein geeigneter Weg, Vertraulichkeit, Integrität und Verlässlichkeit zu erlangen.

Die Verschlüsselung bietet bei den vielen zuvor genannten Sicherheitsrisiken die gesuchte Lösung nach mehr Schutz für die Daten. So spielt der Speicher- bzw. Aufenthaltsort der Daten eine untergeordnete Rolle, da sie zu jeder Zeit chiffriert sind. Abgefangene Datenströme auf dem Weg ins Datacenter sind somit (je nach Grad der Verschlüsselung) nahezu wertlos für Unbefugte. Wenn die Daten beim Provider liegen und es in der Infrastruktur oder bei den dortigen Angestellten Sicherheitsmängel gibt, sind die Daten weiterhin gut geschützt und der Inhalt bleibt uneingesehen. Beim Cloud-Modell ist es gar nicht möglich, alle Risiken auszuschließen – es sei denn, der zu schützende Inhalt wird selber noch einmal geschützt und der Schutz basiert nicht nur auf Vertrauen und vertraglichen Regelwerken. Selbst im Falle der Nichteinhaltung der vertraglich vereinbarten Löschung bei Vertragsbeendigung wäre das Risiko des Missbrauchs minimiert. Aufgrund von Back-ups, verteilten Archiven etc. ist eine vollständige Löschung technisch schwer zu kontrollieren, da ein beliebiges Verschieben von Daten zwischen den Servern einen Regelfall darstellt.

Die Sicherheit nimmt mit der Verschlüsselung mess- und nachweisbarere Formen an. Die Abgrenzung des möglichen Zugriffs lässt sich exakt auf einen kleinen Benutzerkreis beschränken. Somit kann die Gewährleistung der Integrität von Daten erstklassig gegeben werden. Es besteht wenig Spielraum für Eventualitäten der unrechtmäßigen Einsicht oder Veränderung der Daten. Gegenüber den eigenen Kunden oder eventuellen Revisionen ist dies das beste Argument für einen verantwortungsvollen Umgang mit sensiblen Daten.

Bei der Nutzung von Cloud-Diensten werden Daten vielfach über öffentliche Netzwerke geschickt. Mit dem zusätzlichen Einsatz von Sicherheitsprotokollen wie dem HTTPS Protokoll (Hyper Text Transport Protocol Secure) beim Einsatz eines Webbrowsers oder alternativ der Übertragung über eine gesicherte SSL-Verbindung kann eine sichere Authentifizierung erfolgen und der Zugang verifiziert werden. Damit so wenige Daten wie möglich offen übertragen werden, müssen bereits auf der Anwendungsebene Ver- und Entschlüsselungsdienste zur Verfügung stehen. Um keine Lücken zuzulassen, sollte auch die Dauer der Datenspeicherung keinen Einfluss auf die Entscheidung haben, ob sie verschlüsselt werden oder nicht. Nur so kann ein hoher Schutz gewährleistet werden, da selbst aus temporär vorgesehenen Speicherungen häufig eine langfristige Lösung wird.

3.4.5.1 Integrität

Die Integrität bezieht sich bei der Informationssicherheit auf den korrekten Inhalt, den unveränderten Zustand und das Erkennen von Veränderungen der Daten. Um die Veränderung der Daten zuverlässig abwenden zu können und beabsichtigte Änderungen digital zu signieren, wird die Verschlüsselung genutzt. Digitale Signaturen können zudem die Integrität und Authentizität von Anwendungscode und Software nachweisen und gegebenenfalls die Ausführung unterbinden. Durch die Kryptografie besteht eine hohe Fälschungssicherheit. Die Fälschungssicherheit der Kundendaten nimmt einen großen Stellenwert ein. Ebenso wichtig ist daher die Verhinderung von Infizierungen durch Malware oder eingebetteten Angriffen der Cloud-basierten Anwendung. Diese könnten genutzt werden, um andere Sicherheitsmaßnahmen und möglicherweise sogar die Verschlüsselung zu umgehen.[91]

3.4.5.2 Authentifizierung

Aufgrund des beschriebenen starken Zuwachses des Cloud-Geschäfts müssen vermehrt auf Kryptografie basierende Technologien eingesetzt werden, um vertrauenswürdige digitale Identitäten zu erzeugen. Dies ergibt, gepaart mit starken Authentifizierungsverfahren, den Anwendern und Unternehmen mehr Sicherheit. Die Quelle des Chiffre-Schlüssels und die dahinterstehende Architektur sollten hierbei internationalen Standards entsprechen, um einen möglichen Angriff auf das Schlüsselmaterial abzuwenden. Schlussendlich wäre andernfalls jeder weitere Sicherheitsgedanke überflüssig. Zudem sollte jeder Schlüssel nur zu einem Zweck

---

[91] Vgl. Thales eSecurity (2011)

verwendet werden. Dies birgt andernfalls Gefahren, ähnlich einem Generalschlüssel für ein Unternehmen: Hat man ihn, besteht überall Zutritt. Ähnlich sieht es mit der Nutzung von anerkannten Algorithmen und Schlüssellängen aus. Ein einfach gehaltener Schlüssel erleichtert den unbefugten Zugang. Das Key-Management ist auf einem redundanten System zu betreiben, um jederzeit eine geschützte Kopie einsetzen zu können.[92]

3.4.5.3 Schlüsselmanagement

Ein zentraler Aspekt bei der Implementierung und dem Betrieb ist das Schlüsselmanagement. Es beinhaltet den Schutz, die Kontrolle und die Verwaltung des Schlüssels, der Chiffrierung und Dechiffrierung. Die Schlüsselverwaltung dem Cloud-Serviceprovider zu übertragen, ist aus Sicherheits- und Compliance-Gründen nicht empfehlenswert. Sie gehören in eine geschützte Hardwareumgebung wie das Hardware Security Module (HSM).

3.4.5.4 Identity- und Access-Management

Ein Identity- und Access-Management (IAM) in Verbindung mit einer Zwei-Faktor-Authentifizierung (siehe auch Abbildung 10) mittels eines Tokens beziehungsweise mit Zertifikaten ist die Grundlage für die Umsetzung von Sicherheitsregeln. Ein gut organisiertes Identitäts- und Zugangsmanagement erlaubt es Unternehmen, sich vor unberechtigten Zugriffen zu schützen.[93]

„Die Basis dafür bilden Benutzerrollen und -rechte, die anhand der Aufbauorganisation und der Funktionen von Mitarbeitern oder beteiligten Geschäftspartnern definiert werden. Auf dieser Grundlage legt ein IAM-System fest, steuert und kontrolliert, welche Anwender auf welche Informationen und Applikationen zugreifen dürfen. Zugang erhalten diese erst dann, wenn sie sich erfolgreich identifiziert haben, zum Beispiel anhand einer Chipkarte, eines Passworts oder eines biometrischen Verfahrens – und zwar für alle Daten und Dienste, die an das IAM-System angeschlossen sind."[94]

---

[92] Thales eSecurity (2011)
[93] Vgl. Hirsch, W. (2012)
[94] Vgl. ebd.

Flexible Anpassungsmöglichkeiten führen folglich zu einer erleichterten Verwaltung bei einem Rollenwechsel oder anderweitigen Zugangsbefugnissen. Ein solches Management wirkt sich zudem positiv auf die Betriebskosten aus.

Bei der Inanspruchnahme von Cloud-Diensten richtet sich viel nach dem Preis und der Sicherheit. In Abhängigkeit von den Bedürfnissen erfordert dies gelegentlich auch die Zusammenarbeit mit mehreren Anbietern. Unter diesem Hintergrund wird es kompliziert, die richtigen Rechte für Daten und Anwendungen an die Benutzer zu vergeben und diese bei Bedarf wieder zu entziehen. Ein sicheres Identity-Management erlaubt es Partnern, vertrauenswürdige Identitäten wechselseitig zu nutzen, ohne sie selbst zu pflegen und aktuell zu halten. Stattdessen authentifizieren sich Benutzer bei einem Identity-Provider wie zum Beispiel Siemens (siehe Abbildung 9).[95]

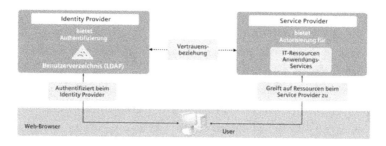

Entnommen von: http://images.computerwoche.de/images/computerwoche/bdb/1842721/890x.png

Abbildung 9: Identity- und Access-Management

3.4.5.5 VPN-Zugang

Ein Virtual Private Network (VPN) ermöglicht die Kommunikation beziehungsweise den Transport privater Daten unter Ausschluss der Öffentlichkeit über ein öffentliches Netz aus der Cloud heraus oder in sie hinein. Hierfür wird üblicherweise die Verbindung über das öffentliche Netz verschlüsselt, und die Daten werden über einen Tunnel zwischen VPN-Client und VPN-Server übertragen. Eine VPN-Verbindung setzt jedoch nicht immer eine Verschlüsselung voraus. Beim

---

[95] Vgl. Siemens AG (2013)

Datenaustausch ist jederzeit auf die Nutzung einer gesicherten Verbindung zu achten, wie zum Beispiel durch IPSec- oder SSL-VPNs. Zur sicheren Authentifizierung empfiehlt es sich, grundsätzlich namhafte Hardware- und Softwaretoken oder Smartcards zu verwenden. Einer der bekanntesten Hersteller von Hardware- und Softwaretoken ist die Firma RSA Security mit ihrem Produkt SecurID. Daher wurde im folgenden Beispiel das Produkt SecurID 700 zur Veranschaulichung gewählt. Bei der Anwendung handelt es sich um eine Zwei-Faktoren-Authentifizierung.

Für eine erfolgreiche sichere Verbindung zum VPN wird ein persönliches Kennwort und zusätzlich der generierte Code auf dem Token benötigt. Der Code wird alle 60 Sekunden durch einen AES-Algorithmus geändert. Um einen erfolgreichen Abgleich zu ermöglichen, wird im Token und auf dem Server mit einem Zeitindex und einem 128-Bit-Schlüssel gearbeitet (siehe Abbildung 10).

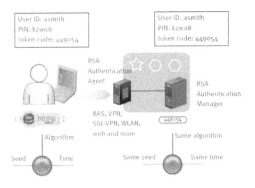

Entnommen von: http://www.computerlinks.de/hersteller/rsa/rsa_authentication_manager.cfm

Abbildung 10: Zeitsynchrone 2-Faktoren-Authentifizierung

Der Aufbau eines VPN-Tunnels kann innerhalb des OSI-Schichtenmodells auf zwei Schichten und mit unterschiedlichen Protokollen realisiert werden. Sie bilden die Basis aller VPNs und kapseln Netzwerkpakete in ihrem eigenen Protokoll zur Übertragung ein.

Die Netzwerkpakete werden bei der folgenden, zur Veranschaulichung beschriebenen Variante in neue Netzwerkpakete mit einem neuen Layer 3-Header eingekapselt und mit einem Tunnel-Header (Verwaltungsinformationen am Anfang eines Datenpakets) versehen. Der zwischen dem neuen Layer 3-Header und den eigentlichen zu übertragenden Daten befindliche Tunnel-Header wird somit vom Empfänger erkannt und entsprechend verarbeitet. „Zwischen dem Sender und dem Empfänger, den sogenannten Tunnelendpunkten, die durch die Netzwerkadresse des neuen Layer 3-Headers festgelegt sind, besteht eine Tunnelverbindung.“[96] Zum allgemeinen Verständnis, wie eine Sicherheit gewährleistet werden kann, werden im Folgenden zunächst zwei standardisierte Tunneling-Protokolle aufgezeigt: L2TP und IPSec.[97] Zudem wird noch auf ein drittes Protokoll eingegangen, nämlich das Secure Socket Layer (SSL)-Protokoll.

L2TP

Das Protokoll L2TP, die Layer 2-Schicht im OSI-Schichtenmodell, ist aus einer Kombination der beiden nicht standardisierten Protokolle L2F und PPTP entstanden. Es erwirkt nur in Verbindung mit anderen Verfahren, wie beispielsweise dem Network Layer 3-Protokoll IPSec oder der SSL-Verschlüsselung auf dem Application Layer, ein hohes Maß an Sicherheit und stellt minimale eigene Mechanismen hierfür bereit. Es ist ein reines Tunneling-Protokoll und wurde nicht für die Sicherheit des Datenschutzes konzipiert.[98,99]

Beim Aufbau einer PPP-Verbindung (Point to Point-Verbindung), wie z. B. die Einwahl eines externen Clients in das Firmennetzwerk über eine Wählverbindung (ISDN, GPRS und UMTS), sind die Einwahl und der eigentliche Netzzugang nicht mehr an einem Punkt vereint. Zunächst wird eine Kontrollverbindung zwischen dem Eingangskonzentrator (=LAC: L2TP Access Concentrator;) des ISPs und dem Ausstiegspunkt (=LNS: L2TP Network Server) hergestellt. Der LAC verwaltet die Verbindungen und stellt diese zum LNS her. Der LNS übernimmt

---

[96] Lipp, M. (2007), S.75
[97] Vgl. ebd., S.75
[98] Vgl. ebd., S.311/ 312
[99] Vgl. Böhmer, W. (2005), S.217/ 218

das Routing und die Kontrolle der vom LAC empfangenen Pakete. Es wird zwischen Kontroll- und Datenpaketen zur Kommunikation zwischen dem LAC und dem LNS unterschieden. Im Gegensatz zu den Datenpaketen unterliegen die Kontrollnachrichten einer gesicherten Verbindung. Eine Authentifizierung kann wahlweise mit dem Password Authentication Protocol (PAP) oder dem Challenge Handshake Authentication Protocol (CHAP) erfolgen.[100]

L2TP over IPSec

Ist es nun erforderlich, die Nutzdaten ebenfalls zu schützen, kommt sehr häufig eine Kombination von L2TP und IPSec (L2TP over IPSec) zum Einsatz und beseitigt somit Schwachstellen beider Protokolle. Das Verfahren „Securing L2TP using IPSec" (RFC 3193) [101] gleicht die Schwäche des Tunnelns von ausschließlich IP-Paketen und der fehlenden Konfiguration der Verbindung, wie zum Beispiel IP, Subnetmask und DNS, bei IPSec aus. Der bereits erwähnte Sicherheitsnachteil bei L2TP wird somit negiert und stärkt die Vereinigung durch die Möglichkeit, alle möglichen, in PPP kapselbaren Protokolle zu transportieren.[102]

Durch die sichere IPSec Verbindung wird ein L2TP-Tunnel aufgebaut. In der folgenden Grafik (Abbildung 15) ist ein kompletter Protokoll-Aufbau ersichtlich.

Layer 2 Protokoll	IP-Paket	AH+ ESP	UDP-Paket	L2TP Paket	PPP Paket	IP-Paket	schützenswerte Daten	AH+ ESP

Eigene Darstellung

Abbildung 11: L2TP over IPSec Protokoll Aufbau

Hierfür werden die zu schützenden Nutzdaten in ein PPP-Paket eingekapselt. Anschließend wird es in L2TP und in einem UDP-Paket (=User Datagram Protocol; Informationen zum Transport der Daten zur richtigen Anwendung) ebenfalls eingekapselt. Es erfolgt die Ummantelung mit einem IPSec-Authentication Header (AH) und einem Encapsulated Security Payload (ESP) zur Verschlüsselung. Im

---

[100] Vgl. ebd., S.218
[101] The Internet Society (2001)
[102] Vgl. Lipp, M. (2007), S.313

letzten Schritt wird alles noch einmal mit einem Layer 2-Protokoll, wie beispielsweise PPP, PPPoE oder Ethernet, gekapselt. Die aufgeführten Schritte sind erforderlich, um diesen verhältnismäßig geringen Anteil an Nutzdaten zu transportieren.[103]

IPSec

IPSec ist ein weitreichender Schutz für die Datenübertragung in öffentlichen Net-
zen und bietet Verschlüsselungs- und Authentifizierungsmechanismen. IPSec ist
ein integraler Bestandteil von IPv6 und wurde für IPv4 nachträglich spezifiziert.
Folgende Bereiche werden hierbei abgedeckt: Ein Verfahren zur Paketintegrität,
dem Schutz vor unerlaubter Veränderung der Pakete auf dem Transportweg, wird
durch einen Hash-based Message Authentication Code (HMAC) realisiert. Hierfür
wird ein kryptografischer, durch einen symmetrischen Schlüssel (beim Sender und
Empfänger) abgesicherter Hash-Wert über das IP-Paket gelegt.[104]
Die Paketauthentifizierung wird beim Empfänger gleichzeitig mittels der Paketintegrität sichergestellt. Durch die Prüfung des HMACs wird zugleich die korrekte
Sicherheitsassoziation (zwischen Empfänger und Sender) gewährleistet.[105]

Durch die Verschlüsselung der Daten wird die Paketvertraulichkeit gesichert. Ein
verschlüsseltes Paket kann nur durch jemanden verändert werden, der auch den
Schlüssel kennt.[106] Durch den Einsatz des Internet Key Exchange (IKE)-
Protokolls kann eine Verfälschung durch Dritte jedoch wirksam verhindert werden. Es ist ein Schlüsselprotokoll zur Verwaltung und zum Austausch der Schlüssel.[107]
Neben der Paketvertraulichkeit besteht auch eine Verkehrsflussvertraulichkeit.
Das eingekapselte private Datenpaket kann mit seinen Informationen über Adres-
se und Protokollnummer etc. nicht von unautorisierten Personen ausgelesen werden. Es kann nur noch die Gesamtmenge der Pakete ermittelt werden.[108]

---

[103] Vgl. Schnabel, P. (2010)
[104] Vgl. Lipp, M. (2008), S.196
[105] Vgl. ebd., S.170
[106] Vgl. ebd.
[107] DATACOM Buchverlag GmbH (2011)
[108] Vgl. Lipp, M. (2007), S.170/171

Durch den Anti Replay-Service (ARS) wird ein Schutz vor wiederholtem Senden von Paketen erwirkt. Er schützt vor sinnfreien, ressourcenintensiven Berechnungen, die durch das Aufzeichnen und wiederholte Senden der IPSec-Pakete entstehen würde. Ohne die Schutzprüfung, ob die Pakete schon einmal gesendet wurden, würden die Pakete bis zum Application Layer gelangen.[109]

Ein letztes Feature ist der Schutz vor Denial of Service-Angriffen. Es handelt sich hierbei um die Verhinderung von Überlastungen bzw. Dienstverweigerungen von Services, die durch das Verursachen von rechenintensiven Operationen/Abfragen auftreten.[110]

„Angreifer können durch Manipulation des Zustands einer etablierten TCP-Verbindung erreichen, dass es für die Verbindung kein Time-out gibt. Damit bleibt die Verbindung für immer bestehen. Erreicht der Angreifer dies für eine Vielzahl von Verbindungen, belegt dies so viele Ressourcen, dass keine weiteren Verbindungen mehr zum angegriffenen System möglich sind."[111]

SSL 3.0 und TLS 1.0

Das SSL Protokoll zählt mit zu den wesentlichen Protokollen der VPN-Technologie und gehört der Layer 4 Ebene an. Häufig wird der Begriff SSL-VPN verwendet, wobei vom Protokoll selbst kein Tunneling unterstützt wird.[112] Es wird vielmehr auf der Anwendungsebene verschlüsselt. Bei der Einführung wurde SSL gegenüber IPSec gestellt. Jedoch bieten beide ein hohes Maß an Sicherheit und sind individuell nach Anwendungsumgebung vor- und nachteilhaft. „… SSL bietet sich hervorragend als Ergänzung zu IPSec an und ist als Lösung für Extranets einfach unschlagbar."[113] Auf der Anwendungsebene erfolgt der Zugriff auf Webinhalte und Netzwerkservices (Einbindung via Plug-ins etc.) durch den Internet Browser. Erst nach einer erfolgreichen Authentifizierung werden alle HHTPS-Pakete verschlüsselt. Eine Weiterentwicklung ist das Socket Layer-Protokoll (TLS), welches auf SSL aufbaut und zu einem allgemeinen Standard in RFC 2246 definiert wurde.

---

[109] Vgl. ebd., S. 171
[110] Vgl. ebd.
[111] Bachfeld, D. (2009)
[112] Vgl. Lipp, M. (2007), S. 257
[113] Lipp, M. (2007), S. 258

Bei PaaS-Lösungen wäre eine Realisierung durch bestehende Kryptografie-APIs denkbar, um die Portierung bestehender Anwendungen zu ermöglichen.[114]

Das W3C (World Wide Web Consortium – eine internationale Community für die Entwicklung offener Standards) hat einen ersten Entwurf für das Web Kryptografie-API vorgelegt. Dabei handelt es sich um ein Javascript-API, über das grundlegende kryptografische Funktionen direkt in einer Web-App abgewickelt werden können.[115] Im Bereich der Datenspeicherung oder auch des Live-Informationsaustauschs besteht die Möglichkeit für mehr Sicherheit durch das API, indem die Daten vor dem Upload direkt im Browser verschlüsselt und auch später über den Browser heruntergeladen und entschlüsselt werden. Somit sind die Daten auf großem Sicherheitsniveau sofort verschlüsselt und dennoch direkt im Browser ohne zusätzliche Software zu öffnen.

3.5 Kontrolle

Audits und Überwachungen von Compliance-Regeln wie SOX oder HIPAA haben einen hohen Stellenwert. Die Vielzahl an Vorschriften erfordert eine regelmäßige Kontrolle der Sicherheitsvorkehrungen. Vereinzelt sind Audits bei großen Cloud-Anbietern von vorneherein möglich, bei anderen wiederum nicht, da dies in den AGBs ausgeschlossen wird. Die Einhaltung der Compliance-Vorschriften soll daher zunehmend anhand von aktuellen Zertifizierungen sichergestellt werden. Inwiefern dies akzeptiert wird, muss die Zukunft zeigen. Grundsätzlich schafft es jedoch mehr Vertrauen die Möglichkeit eines Audits zu haben.

Doch nicht nur das eigene Unternehmen möchte ein Stück weit die Kontrolle über die Daten behalten. Auch die Bundesregierung befasst sich derzeit mit der Datenüberwachung in der Cloud. Hierfür werden Gespräche mit der Deutschen Telekom und der 1&1 Internet AG geführt. Das erwartete Resultat wird die Standardisierung der Telekommunikationsüberwachung beim Etsi (European Telecommu-

---

[114] Thales eSecurity (2011)
[115] Vgl. W3C (2012)

nications Standards Institute) werden, indem ein technischer Report zu den Cloud-Diensten erarbeitet wird.[116]

3.6 Lifecycle der Sicherheit

Zusammenfassend muss die Inanspruchnahme von Cloud-Leistungen mit klar definierten Prozessen erfolgen, um maximale Sicherheit zu erreichen. Die Phasen gliedern sich hierbei in die Planungs-, Umsetzungs-/Migrations-, Betriebs- und Beendigungsphase und begleiten durch den kompletten Vorgang der Implementierung.[117]

Planungsphase

Es beginnt mit einer Sicherheitsanalyse für das Vorhaben. Hierbei wird die Auslagerung in die Cloud aufgrund einer Struktur-, Schutzbedarfs- und Risikoanalyse geplant und es werden verschiedene Szenarien festgehalten. Zudem werden gesetzliche Anforderungen hinzugezogen. Basierend auf den Erkenntnissen werden die zu erfüllenden Sicherheitsanforderungen abgeleitet.

Im zweiten Schritt der Planung wird ein Pflichtenheft erstellt, welches alle geforderten Leistungen und besonders die Sicherheitsanforderungen beinhaltet. Es stellt die Angebotsgrundlage für die Auswahl des Dienstleisters dar. Die zuvor vorgenommene Risikoanalyse muss nach dem Erhalt von Angeboten der potenziellen Vertragspartner im Hinblick auf ein dokumentiertes und auch gelebtes Sicherheitsmanagement, Vertrauenswürdigkeit, Kompetenzen, Zertifizierungen sowie Referenzen und ein verbleibendes Restrisiko vertieft werden.

Umsetzungs-/Migrationsphase

Die Vertragsgestaltung zeichnet sich durch eine vollständige und eindeutige Leistungsbeschreibung inklusive dazugehöriger SLAs aus. Hiermit soll die Qualität und Aufrechterhaltung der Informationssicherheit gewährleistet werden. Die Migrationsphase beginnt mit der gemeinsamen Ausarbeitung von Sicherheitskonzepten zwischen Auftragnehmer und Auftraggeber, die auf den zuvor erlangten Sicherheitserkenntnissen beruhen und weiter vertieft werden.

[116] Vgl. Deutsche Bundesregierung (2012)
[117] Vgl. BITKOM Bundesverband Informationswirtschaft (2013)

Die schrittweise Umsetzung der Auslagerung wird von mehreren Abnahmetests begleitet, und die Sicherheitskonzepte werden laufend der Entwicklung angepasst.

Betriebsphase

Bei dieser Stufe geht es um die Aufrechterhaltung des sicheren Betriebs. Oberste Priorität hat hierbei die Kontrolle, um Abweichungen und Störungen des Betriebs und Sicherheitsniveaus zu erkennen. Zugleich sorgt die Kontrollmöglichkeit für ein erhöhtes Pflichtbewusstsein in Bezug auf die Sicherheitseinhaltung beim Provider. Des Weiteren besteht die Möglichkeit, Verbesserungspotenzial zu erkennen und umsetzen zu lassen.

Beendigung des Vertrags

Wie bereits erwähnt, benötigt die Beendigung ebenfalls eine hohe Aufmerksamkeit, damit es hier nicht zu gefährlichen Sicherheitslücken während der Servicerückführung kommt. Die Daten müssen nachweislich auf hohem Sicherheitsstandard gelöscht werden.

4 Kosten und Compliance

Für die vollständige Betrachtung wird in diesem letzten Kapitel der Kostenaspekt analysiert. Beim Cloud-Modell ist im Vergleich zur klassischen Variante häufig eine Kostenreduzierung möglich. Dies beruht hauptsächlich auf dem Größendegressionseffekt, da Cloud-Provider nicht 20 oder 60 Server betreiben, sondern ein Vielfaches davon wie etwa 1.000 oder 2.000. Aufgrund der breiten Nutzeranzahl lassen sich kostenintensive Kapazitätsvorhaltungen für mehrere Kunden kombinieren und somit günstiger erbringen. Je größer jedoch die möglichen Skalierungseffekte innerhalb eines Unternehmens sind, desto weniger rentiert sich die Cloud. Des Weiteren lassen sich viele Kosten bei der Nutzung von Standard Cloud-Angeboten reduzieren. Genügt dies jedoch nicht in allen Fällen, muss genau nachgerechnet werden. Doch damit es nicht getan, denn es ist bei Weitem nicht ausreichend, den monatlichen Kostenfaktor zu einer Entscheidung hinzuzuziehen, um sich geschützt von einem Paket aus Verfügbarkeit und Sicherheit zu wähnen. Gerade in den ersten Jahren sind die Betriebskosten für Anwendungen in der Cloud günstiger. Fällt in der herkömmlichen Infrastruktur ein wichtiges System aus, wird alles daran gesetzt, das System so schnell wie möglich wieder verfügbar zu machen. Passiert dies beim Provider, obliegt es ihm, wie er reagiert – natürlich unter Berücksichtigung der vertraglichen Vereinbarungen. Jedoch besteht auch die Möglichkeit, dass der Anbieter eine Vertragsstrafe zahlt, anstatt eine schnellstmögliche Wiederherstellung zu schaffen. Dies könnte jedoch für das eigene Unternehmen fatale Auswirkungen haben. Grundsätzlich gilt: Je mehr Sicherheit und Verfügbarkeit benötigt wird, desto höher ist auch der Preis.[118]

Die Nichterfüllung von Compliance-Anforderungen ist in Bezug auf ihre Art und das Ausmaß unterschiedlich. Angefangen bei Strafen, Bußgeldern und der Leistung von Schadenersatzansprüchen bis hin zur Einschränkung des Zugangs zum Kapitalmarkt. Hinzu kommt der eventuell eintretende Verlust von Marktanteilen aufgrund von Imageschäden. Wie in Abbildung 12 ersichtlich, kosten Verstöße weitaus mehr als die Ergreifung von geeigneten Maßnahmen. Dies ergab eine Benchmark Studie des Ponemon Instituts.

---

[118] Vgl. Stein, A./Martin, D. (2012), S.10

Entnommen von:

http://www.tripwire.com/tripwire/assets/File/ponemon/True_Cost_of_Compliance_Report.pdf

Abbildung 12: Compliance-Kosten vs. Non-Compliance-Kosten

Wird demnach gegen bestimmte Vorschriften verstoßen, kann es zu Mehrkosten von über 250 Prozent kommen, was in Euro circa 6,9 Millionen entspricht. Die Umfrage beruht auf den Ergebnissen von 160 Geschäftsführen multinationaler Unternehmen. Die teuersten Compliance-Projekte sind demnach der Datenschutz und dessen Aufrechterhaltung, getrieben durch die externen Richtlinien, wie in Kapitel 3.2.1 erläutert. Für genau diese Einhaltung werden rund 1,2 Millionen Euro angesetzt. An zweiter Position kommt die Überwachung interner Prozesse mit umgerechnet 870.000 Euro gefolgt von der Einhaltung vertraglicher Vereinbarungen mit Partnern, Verkäufern und Datenschutz-Behörden in Höhe von 412.000 Euro. Durchschnittlich liegen den Unternehmen Aufwendungen für entsprechende Initiativen in Höhe von 2,6 Millionen Euro zugrunde.[119]

---

[119] Vgl. Tripwire, Inc. (2011)

5 Fazit

Die Sicherheit ist einer der Schlüsselfaktoren, der über die Akzeptanz von Cloud-Diensten entscheidet. Den Vorteilen von Cloud Computing stehen viele Herausforderungen gegenüber, mit denen sich ein Kunde auseinandersetzen muss. Angefangen bei der Auswahl des Providers ist es zeitgleich erforderlich, sich damit auseinanderzusetzen, welche Daten ausgelagert werden können. Darüber hinaus müssen Strategien für Ausfallzeiten entwickelt werden, da auch die Cloud-Infrastruktur Ausfallzeiten beinhalten kann wie im bisherigen herkömmlichen Rechenzentrum. Vielfach wird auch das Sicherheitsniveau durch die Cloud-Nutzung gehoben, da mehr in einen aktuellen Stand der Technik investiert wird und das nötige Know-how fortwährend durch das Cloud-Unternehmen ausgebaut wird – schließlich ist dies (und sollte sein) die Kernkompetenz des Providers. Die Cloud-Sicherheit umfasst hierbei die Absicherung der Infrastruktur, den Schutz der Daten sowie eine sichere Authentisierung und Authentifizierung.

Aus den gezeigten Technologien und Sicherheitsregeln resultiert keine bewährtere und anerkanntere Schutzmethode als die Kryptografie. „Die Lösung für all diese Sicherheitsfragen bietet der Einsatz von einer modernen Verschlüsselungssoftware. Denn wer das richtige Produkt optimal konfiguriert, kann selbst bei Ausnutzung der vollen Cloud-Flexibilität compliant arbeiten."[120] Bei falscher Implementierung kann sie jedoch ein falsches Sicherheitsgefühl vermitteln. Entscheidend hierbei ist die Einbehaltung des Schlüssels in der Hand des Dateneigentümers. Die Provider bieten zwar entsprechende Mechanismen an, jedoch wird eine höhere Vertraulichkeit durch die eigene vorherige Verschlüsselung erzielt. Compliance-Anforderungen für die eigenen Daten nachweislich umzusetzen, obliegt jedem Unternehmen. Begünstigt wird dies durch die Datenverarbeitung innerhalb der EU.

Bei der Verlagerung sollten bereits im Vorwege Verluste und Ausfälle einkalkuliert werden. Eventuell bietet es sich strategisch an, die Dienste mehrerer Provider zu nutzen, damit nicht gleich der ganze Betrieb einen Stillstand der Geschäftsprozesse erleidet. Es muss die Tragbarkeit abgewägt werden, und welches Ausmaß es hat, wenn Geschäftsdaten temporär nicht abrufbar sind.

---

[120] Plieth, Dr. C. (2012)

6 Literaturverzeichnis

Alert Logic (2012): An Empirical Analysis of real world threats – state of Cloud Security Report, http://www.alertlogic.com/wp-content/uploads/alert-logic-fall2012-cloud-security-DIGITAL.pdf, Abruf am: 09.02.2013

Bachfeld, D. (2009): Ciscos TCP-Stack anfällig für DoS-Attacken, http://www.heise.de/security/meldung/Ciscos-TCP-Stack-anfaellig-fuer-DoS-Attacken-755269.html, Abruf am: 05.12.2012

Bercovici, V. (2010): Standards bringen Cloud Storage schneller voran, http://www.searchstorage.de/themenbereiche/management/daten/articles/25528, Abruf am 25.11.2012

BITKOM (2012)a: Umsatz mit Cloud Computing steigt über 5 Milliarden Euro, http://www.bitkom.org/de/presse/74532_71376.aspx, Abruf am: 26.11.2012

BITKOM (2012)b: Jedes vierte Unternehmen nutzt bereits Cloud Computing http://www.bitkom.org/de/presse/74532_71446.aspx, Abruf am: 27.11.2012

BITKOM Bundesverband Informationswirtschaft (2013): Informationssicherheit im Cloud Computing als Life Cycle-Prozess, http://cloud-practice.de/know-how/informationssicherheit-im-cloud-computing-als-life-cycle-prozess, Abruf am: 13.02.2013

Böhmer, W. (2005): VPN Virtual Private Networks Kommunikationssicherheit in VPN- und IP-Netzen über GPRS und WLAN, München Wien

Bundesamt für Sicherheit in der Informationstechnik (2013)a: ISO 27001-Zertifizierung auf der Basis von IT-Grundschutz, https://www.bsi.bund.de/DE/Themen/weitereThemen/ITGrundschutzZertifikat/ISO27001Zertifizierung/iso27001zertifizierung_node.html, Abruf am: 17.01.2013

Bundesamt für Sicherheit in der Informationstechnik (2013)b: ISO 27001-Zertifizierung auf der Basis von IT-Grundschutz, https://www.bsi.bund.de/DE/Themen/weitereThemen/GSTOOL/Uebersicht/uebersicht_node.html, Abruf am: 17.01.2013

Bundesministerium der Justiz (2004): Telekommunikationsgesetz, http://www.gesetze-im-internet.de/tkg_2004/, Abruf am: 18.01.2013

Bundesministerium der Justiz (2013): Bundesdatenschutzgesetz, http://www.gesetze-im-internet.de/bdsg_1990/, Abruf am: 18.01.2013

Bundesnetzagentur (2011): Zertifizierungsdienstanbieter, http://www.bundesnetzagentur.de/SharedDocs/Downloads/DE/BNetzA/Sachgebiete/QES/Veroeffentlichungen/ZDA_Anzeige_des_Betriebspdf.pdf?__blob=publicationFile, Abruf am: 17.02.2013

Chip Xonio Online GmbH (2013): Telekom Cloud: Singapur schließt 21-Jahres-Vertrag, http://business.chip.de/news/Telekom-Cloud-Singapur-schliesst-21-Jahres-Vertrag_59820366.html, Abruf am 11.01.2013

Cloud Security Alliance (2010): Top Threats to Cloud Computing V1.0, https://cloudsecurityalliance.org/topthreats/csathreats.v1.0.pdf, Abruf am: 17.01.2013

Colvin, G. (2011): Uncle Sam's first CIO http://money.cnn.com/2011/07/13/news/companies/vivek_kundra_leadership.fortune/, Abruf am: 03.01.2013

DATACOM Buchverlag GmbH (2011): IKE Protokoll, http://www.itwissen.info/definition/lexikon/Internet-key-exchange-IKE-IKE-Protokoll.html, Abruf am: 04.11.2012

Deutsche Bundesregierung (2012): Einsatz der Quellen-Telekommunikationsüberwachung, http://dipbt.bundestag.de/dip21/btd/17/115/1711598.pdf, Abruf am: 14.12.2012

Eikenberg, R. (2011): RSA tauscht nach Hack 40 Millionen SecurID-Tokens aus, http://www.heise.de/newsticker/meldung/RSA-tauscht-nach-Hack-40-Millionen-SecurID-Tokens-aus-1256298.html, Abruf am: 12.06.2011

EuroCloud Austria (2011): Leitfaden Cloud Computing – Recht, Datenschutz & Compliance, http://www.eurocloud.at/uploads/media/Leitfaden-Nr-1-Datenschutz.pdf, Abruf am: 28.01.2013

EuroCloud/UBIT/IT-Cluster/Austrian Standards Institute (2012): Cloud-Verträge., http://www.eurocloud.at/fileadmin/userdaten/dokumente/broschuere-cloud-vertraege.pdf, Abruf am: 31. 01. 2013

Europäische Union (2013): Agenturen der EU - ENISA, http://europa.eu/agencies/regulatory_agencies_bodies/policy_agencies/enisa/index_de.htm, Abruf am: 27.01.2013

Europäisches Parlament (1995): Richtlinie 95/46/EG, http://eur-lex.europa.eu/LexUriServ/LexUriServ.do?uri=CELEX:31995L0046:de:html, Abruf am: 18.01.2013

Europäisches Parlament (2002): Richtlinie 2002/16/EG, http://eur-lex.europa.eu/LexUriServ/LexUriServ.do?uri=CELEX:32002D0016:DE:HTML, Abruf am: 03.01.2013

European Network and Information Security Agency (2009): Cloud-Computing – Benefits, Risks and Recommendations for Informationen, http://www.enisa.europa.eu/Fact/rm/files/deliverables/cloud-computing-risk-assessment/at_download/fullReport, Abruf am: 12.12.2012

EuroPrise Imprint (2012): EuroPriSe – Europäisches Datenschutz Gütesiegel, https://www.european-privacy-seal.eu/about-europrise/fact-sheet/EuroPriSe%20Fact%20Sheet-de-20100826.pdf, Abruf am: 04.12.2012

EuroPrise Imprint (2013): EuroPrise Kriterien, https://www.european-privacy-seal.eu/criteria/kriterien, Abruf am: 28.01.2013

Fallenbeck, Dr. N./Windhorst, I. (2012): Sicheres Cloud Computing, http://www.computerwoche.de/a/sicheres-cloud-computing,2527898, Abruf am: 17.01.2013

Gartner (2009): Gartner's Hype Cycle Special Report for 2009, http://www.gartner.com/resources/169700/169747/gartners_hype_cycle_special__169747.pdf, Abruf am: 12.01.2013

Hansen, R./Neumann, G. (2009): Wirtschaftsinformatik 1, 10. Auflage, Stuttgart,

Hansen, R/Neumann, G. (2005): Wirtschaftsinformatik 2, 9. Auflage, Stuttgart

Hewlett-Packard (2011)b: Innovation oder Wartung: Die richtige Wahl für Ihr Unternehmen, https://h30406.www3.hp.com/campaigns/2011/de/wwcampaign/inflexion/sept/exec/overview.html, Abruf am: 30.12.2012

Hewlett-Packard (2011)b: Innovation oder Wartung: Die richtige Wahl für Ihr Unternehmen, https://h30406.www3.hp.com/campaigns/2011/de/wwcampaign/inflexion/sept/exec/overview.html, Abruf am: 30.12.2012

Hewlett-Packard (2012)a: Discover Performance – Drei Wege zur maximalen Agilität in der Cloud, http://h30458.www3.hp.com/de/de/ezine/1190327.html, Abruf am: 27.12.2012

Hirsch, W. (2012): Identity- und Access-Management in der Cloud, http://www.computerwoche.de/a/identity-und-access-management-in-der-cloud,2486929, Abruf am: 25.10.2012

Jansen, Dr. T. (2011): Für Kunden ist es schwer, Ansprüche durchzusetzen, http://www.handelsblatt.com/technologie/it-tk/special-cloud-computing/cloud-und-recht-schadenersatz-ist-schwierig/4305652-3.html, Abruf am: 18.01.2013

Lenz, U. (2009): Zehn Mythen rund um hochverfügbare IT-Systeme. In: Tec Channel Compact, Ausgabe 05/2009, Seite 38

Lipp, M. (2007): VPN Virtuelle Private Netzwerke Aufbau und Sicherheit, München

Lünendonk GmbH (2012): Veränderte Wertschöpfung in der Cloud: Anbietertypologien, Services und Lösungen im Ausblick, Trendstudie 2012, Kaufbeuren

Mayer Brown (2010): New EU Standard Contractual Clauses for Commissioned Data Processing, http://www.martindale.com/members/Article_Atachment.aspx?od=119465&id= 1145284&filename=asr-1145286.EU.pdf, Abruf am: 27.01.2013

Metzger, C./Reitz, T./Villar, J (2011): Cloud Computing: Chancen und Risiken aus technischer und unternehmerischer Sicht, München

National Institute of Standards and Technology (2001): Advanced Encryption Standard (AES), http://csrc.nist.gov/publications/fips/fips197/fips-197.pdf, Abruf am: 05.02.2013

National Institute of Standards and Technology (2002): Federal Information Security Management Act of 2002, http://csrc.nist.gov/drivers/documents/FISMA-final.pdf, Abruf am: 26.01.2013

National Institute of Standards and Technology (2009): NIST Defining the Expanding World of Cloud Computing, http://www.nist.gov/itl/cloud/cloud_052009.cfm, Abruf am: 02.12.2012

National Institute of Standards and Technology (2012): NIST Cloud Computing Program, http://www.nist.gov/itl/cloud/, Abruf am: 20. 12. 2012

National Security Telecommunications Advisory Commitee (2012): The President´s National Security Telecommunications Advisory Commitee, http://www.ncs.gov/nstac/reports/2012-05-15%20NSTAC%20Cloud%20Computing.pdf, Abruf am: 27.01.2013

Plieth, Dr. C. (2012): Kleingedrucktes in der Wolke, in: itmanagement, Ausgabe 9/2012, 48-49

PricewaterhouseCoopers (2013): SAS 70 Report: Auswirkungen und Trends, http://www.pwc.de/de/automobilindustrie/sas-70-report-auswirkungen-und-trends.jhtml, Abruf am: 26.01.2013

Salesforce.com Germany GmbH (2012): Salesforce.com schlägt mit Service Cloud 2 ein neues Kapitel im Kundenservice auf, http://www.salesforce.com/de/company/news-press/press-releases/2009/09/a0830000004gtC0AAI.jsp, Abruf am 15.01.2013

Schnabel, P. (2010): L2TP over IPSec, http://www.elektronik-kompendium.de/sites/net/1410061.htm, Abruf am: 05.11.2012

Stadtmueller, L. (2012): Aufbau einer erfolgreichen Roadmap für Cloud Computing

Stein, A./Martin, D. (2012): Kostengünstiger dank der Cloud? in: IT-Director, Ausgabe 9/2012, Seite 10

Steiner, F. (2013): Europäischer Datenschutztag im Zeichen der Reform, http://www.heise.de/newsticker/meldung/Europaeischer-Datenschutztag-im-Zeichen-der-Reform-1792548.html, Abruf am: 28.01.2013

Tanenbaum, A. (2009): Moderne Betriebssysteme, 3. Auflage, München

Thales eSecurity (2011): Das Wettrennen um Sicherheit in der Cloud 2.0, http://www.searchcloudcomputing.de/whitepaper/22931/Cloud_White_Solution _Brief_DE.pdf, Abruf am: 09. 02. 2013

The Internet Society (2001): Securing L2TP using IPsec, http://www.rfc-editor.org/rfc/rfc3193.txt, Abruf am: 04.11.2012

Tüv Trust IT Austria GmbH (2011): Host Europe GmbH erhält das Trusted Cloud Zertifikat., http://www.it-tuv.com/news/trusted-cloud-zertifikat-host-europe.html, Abruf am: 20.12.2012

U.S. General Services Administration (2012): FedRAMP FAQs, http://gsa.gov/portal/category/102439, Abruf am: 27.01.2013

U.S. Government Printing Office (1996): PUBLIC LAW 107–204—JULY 30, 2002, http://www.gpo.gov/fdsys/pkg/PLAW-104publ191/html/PLAW-104publ191.htm, Abruf am: 26.01.2013

U.S. Securities and Exchange Commission (2002): PUBLIC LAW 107–204—JULY 30, 2002, http://www.sec.gov/about/laws/soa2002.pdf, Abruf am: 26.01.2013

VDI nachrichten (2011): Datenschutz durch Technik wurde noch nicht einmal im Ansatz realisiert, http://www.vdi-nachrichten.com/artikel/Datenschutz-durch-Technik-wurde-noch-nicht-einmal-im-Ansatz-realisiert/55439/2, Abruf am: 06.01.2013

VMware, Inc (2013): VMware VMsafe, http://www.vmware.com/de/technology/security/vmsafe/faq.html, Abruf am 10.02.2013

Vossen, G./Haselmann, T./Hoeren, T. (2012): Cloud Computing für Unternehmen: Technische, wirtschaftliche, rechtliche und organisatorische Aspekte, Heidelberg

W3C (2012): Web Cryptography API, http://www.w3.org/TR/2012/WD-WebCryptoAPI-20120913/, Abruf am: 09.02.2013

Whittaker, Z. (2011): Microsoft admits Patriot Act can access EU-based cloud data, http://www.zdnet.com/blog/igeneration/microsoft-admits-patriot-act-can-access-eu-based-cloud-data/11225, Abruf am: 06.01.2013

Wilkens, A. (2009): Sidekick-Datenverlust wirft Schatten auf die "Cloud", http://www.heise.de/mobil/meldung/Sidekick-Datenverlust-wirft-Schatten-auf-die-Cloud-821328.html, Abruf am 25.11.2012